ESV ERICH SCHMIDT VERLAG

Prüfschemata zum Umwandlungssteuerrecht

120 Übersichten für Theorie und Praxis

Prof. Dr. Florian Haase, M.I.Tax
Rechtsanwalt und Fachanwalt für Steuerrecht, Hamburg
Professor für Bürgerliches Recht, Wirtschafts-und Steuerrecht,
insbesondere Internationales und Europäisches Steuerrecht,
HSBA Hamburg School of Business Administration, Hamburg

Philip Nürnberg, M.I.Tax
Diplom-Finanzwirt (FH), Hamburg

ERICH SCHMIDT VERLAG

Bibliografische Information der Deutschen Bibliothek
Die Deutsche Bibliothek verzeichnet diese Publikation in der Deutschen Nationalbibliografie; detaillierte bibliografische Daten sind im Internet über dnb.ddb.de abrufbar.

Weitere Informationen zu diesem Titel finden Sie im Internet unter
ESV.info/978-3-503-20547-9

Gedrucktes Werk: ISBN 978-3-503-20547-9
eBook: ISBN 978-3-503-20548-6

Dieses Papier erfüllt die Frankfurter Forderungen der Deutschen Bibliothek und der Gesellschaft für das Buch bezüglich der Alterungsbeständigkeit und entspricht sowohl den strengen Bestimmungen der US Norm Ansi/Niso Z 39.48-1992 als auch der ISO-Norm 9706

Satz: L101 Mediengestaltung, Fürstenwalde
Druck: Hubert & Co., Göttingen

Vorwort

Nach den am Markt dankend angenommenen 150 Prüfschemata zum Internationalen Steuerrecht legen wir nach! Diesmal mit 120 Prüfschemata zum Umwandlungssteuerrecht. Niemals hätten wir zu Beginn gedacht, auch nur ansatzweise auf 100 Prüfschemata und Übersichten zu kommen, aber letztlich wurden es immer mehr und so halten Sie mit diesem Buch die erste umfassende Auseinandersetzung mit dem deutschen Umwandlungssteuerrecht ausschließlich in Form von Prüfschemata und Übersichten in Händen. Hintergrund auch dieses Vorhabens ist es, dass das Umwandlungssteuerrecht in seiner Fülle mittlerweile sehr unübersichtlich ist und seine Regelungen und ihre jeweiligen Querverbindungen kaum schnell und im Zusammenhang zu (be)greifen sind. Dies erschwert sowohl die praktische als auch theoretische Arbeit erheblich.

Daher wollten wir dieses Problem zum Anlass nehmen, in Form von Prüfschemata und Übersichten Ordnung in das Umwandlungssteuerrecht zu bringen. Wir hoffen, damit etwas zum Verständnis dieses für die Praxis so wichtigen Themenbereichs beitragen zu können und neben der täglichen Auseinandersetzung auch für diejenigen, die den Einstieg in das Thema wagen, eine Erleichterung geschaffen zu haben. Eines der Ziele soll es für den Anwender sein, etwas Zeit zu gewinnen, um den Fokus auf die wesentlichen Fragen des Steuerrechts richten zu können, weil Aufbau und Sinn sich schematisch leichter erschließen.

Wir bitten im Umgang mit diesem Buch zu beachten, dass wir bei der Erstellung bewusst darauf verzichtet haben, neben den Prüfschemata und Übersichten weitere Erläuterungen aufzunehmen. Das Buch möchte sich nämlich als Leitfaden und Einstieg in die Materie bei der konkreten Prüfung von Sachverhalten, sowohl praktischer Art, als auch theoretischer Natur, verstanden wissen. Dies erfordert es, nur soweit in die Tiefe zu gehen, wie es für eine erste Übersicht erforderlich ist. Damit dies gelingt, haben wir einerseits in vielen Schemata Verweise auf andere und weiterführende Darstellungen in diesem Buch gesetzt, mit dem Ziel, dass sich aus den kleinen Teilen für den Leser ein großes Ganzes zusammenfügt. Folge dessen ist es jedoch, dass es dieses Buch weder schaffen kann, die mit den jeweiligen Normen verbundenen Besonderheiten und Unklarheiten bis in das letzte Detail zu erläutern, noch Sonderfälle abschließend zu behandeln. Dies kann und sollte auch nicht das Ziel einer Auseinandersetzung mit dem Umwandlungssteuerrecht anhand von Schemata sein. Denn für diejenigen Leser, die gerne tiefer in die Materie einsteigen wollen, ist mit Verweisen auf die jeweilige Kommentierung in der Neuauflage des von Haase/Hofacker herausgegebenen Umwandlungssteuergesetz-Kommentars eine noch bessere Verzahnung zwischen Gesetz, Schemata und Praxiskommentar geschaffen worden.

Aus diesem Grund wurden auch Sonderfälle außer Betracht gelassen, sofern diese für die praktische und theoretische Arbeit zu speziell oder aus anderen Gründen zu vernachlässigen sind. Darin möchten wir jedoch weniger eine Schwäche, als vielmehr die Stärke dieses Werkes sehen, da auch diese über die Verweise auf den „Haase/Hofacker" schnell zu greifen sind. So kann es Ihnen, den Lesern, nach unserem Verständnis noch schneller gelingen, sich ein Bild der Regelungen zu machen und Zusammenhänge zu erschließen.

Wie eingangs geschildert, wurde, sofern ersichtlich, noch nicht versucht, das gesamte Umwandlungssteuerrecht in schrittweise prüfbare Formen und Formeln zu gießen und in Stücke aufzuteilen, welche die Herangehensweise und Bearbeitung der Normen erleichtern sollen. Dafür, dass wir dies nach unserem „Ersten Teil", den Prüfschemata zum Internationalen Steuerrecht, mit diesem Werk erneut gestalten konnten, danken wir insbesondere der Geschäftsführung und den Mitarbeitern des Erich Schmidt Verlags, allen voran Dr. Stefan Lorenz und Team, welche für die reibungslose Betreuung bei der Unterstützung und Verlegung dieses Werkes gesorgt haben.

Sollten Sie bei der Lektüre des Buches Fragen, Anregungen und Kritik haben, erbitten wir diese an florian.haase@roedl.com und philip.nuernberg@roedl.com.

Das Buch ist auf dem Rechtsstand Oktober 2021 und berücksichtigt auch bereits laufende Gesetzgebungsverfahren, sofern diese für das Verständnis von Bedeutung sind.

Hamburg im Oktober 2021

Florian Haase
Philip Nürnberg

Inhaltsverzeichnis

4. Umwandlungsvorgänge und Sitzverlegung (Kapitalgesellschaft) außerhalb des UmwStG

5. Umwandlungen im Internationalen Steuerrecht

6. Spezialthemen im Umwandlungssteuerrecht

7. Rolle der Finanzverwaltung im Umwandlungssteuerrecht

1. Allgemeines

Das Umwandlungssteuerrecht im System des Steuerrechts

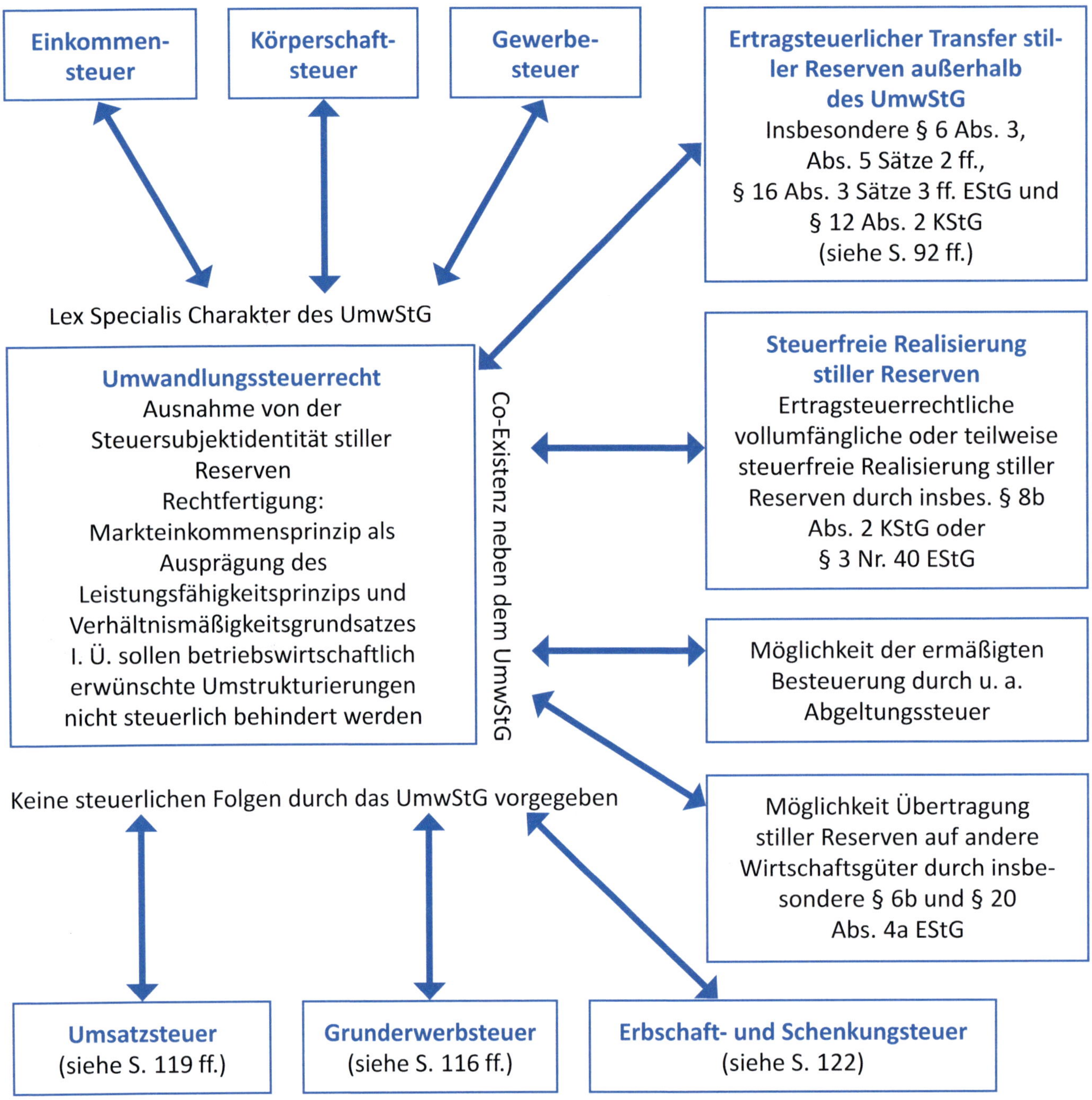

Beachte: Grenzüberschreitende und ausländische Umwandlungen

Relevante Fallgruppen: Hinausumwandlungen, Hereinumwandlungen, Auslandsumwandlungen mit Inlandsberührung und Inlandsumwandlungen mit Auslandsberührung

Seit SEStEG auch vergleichbare „europäische“ Umwandlungen erfasst;

Problem: Entstrickung und Verstrickung, da deutsches Besteuerungsrecht nicht beschränkt werden darf; Drittstaatenumwandlungen werden nicht erfasst; Ausnahme durch § 12 Abs. 2 KStG für Drittstaatenverschmelzungen beschränkt steuerpflichtiger Körperschaften und § 24 UmwStG aufgrund globalen Anwendungsbereichs; ab 2022 im Übrigen Streichung des § 1 Abs. 2 UmwStG und weitere Globalisierung des UmwStG (siehe S. 106 ff.)

Umwandlungsvorgänge nach dem UmwStG

Erster Teil: Allgemeine Vorschriften nach §§ 1 und 2 UmwStG (siehe S. 4 ff.)

Zweiter Teil: Vermögensübergang bei Verschmelzung auf eine Personengesellschaft oder eine natürliche Person und Formwechsel einer Kapitalgesellschaft in eine Personengesellschaft nach §§ 3–9 UmwStG (siehe S. 33 ff.)

Dritter Teil: Verschmelzung oder Vermögensübertragung (Vollübertragung) auf eine andere Körperschaft nach §§ 11–13 UmwStG (siehe S. 41 ff.)

Vierter Teil: Aufspaltung, Abspaltung und Vermögensübertragung (Teilübertragung) nach §§ 15 und 16 UmwStG (siehe S. 46 ff.)

Fünfter Teil: Gewerbesteuer nach §§ 18 und 19 UmwStG für die Vorgänge des Zweiten bis Vierten Teils (siehe S. 27)

Gemäß § 1 Abs. 1 UmwStG gilt der Zweite bis Fünfte Teil nur für Umwandlungen i. S. d. UmwG-Annexgesetz des UmwG (siehe S. 4)

Sechster Teil: Einbringung von Unternehmensteilen in eine Kapitalgesellschaft oder Genossenschaft und Anteilstausch nach §§ 20–23 UmwStG (siehe S. 55 ff.)

Siebter Teil: Einbringung eines Betriebs, Teilbetriebs oder Mitunternehmeranteils in eine Personengesellschaft nach § 24 UmwStG (siehe S. 59 ff.)

Achter Teil: Formwechsel einer Personengesellschaft in eine Kapitalgesellschaft oder Genossenschaft nach § 25 UmwStG (siehe S. 73 ff.)

Sechster bis Achter Teil setzen originär steuerrechtlichen Terminus der Einbringung bzw. des Anteilstauschs voraus – Auch Vorgänge außerhalb des UmwG sind möglich (siehe S. 92 ff.)

Erster Teil umschließt alle anderen Teile (siehe S. 5 ff.)

Beachte:
Der Neunte Teil des UmwStG „Verhinderung von Missbräuchen“ (§ 26 UmwStG) ist unbesetzt, genauso wie §§ 10, 14 und 17 UmwStG. Der Zehnte Teil (§§ 27 und 28 UmwStG) enthält Anwendungsvorschriften und eine Bekanntmachungserlaubnis.

Verknüpfung § 1 Abs. 1 UmwStG mit den Umwandlungsvorgängen

Bezeichnung	Norm	Konkreter Vorgang
Verschmelzung, Aufspaltung, Abspaltung von Körperschaften	§ 1 Abs. 1 Satz 1 Nr. 1 UmwStG	**1. Alternative:** Verschmelzung nach § 2 UmwG **2. Alternative:** Aufspaltung nach § 123 Abs. 1 UmwG **3. Alternative:** Abspaltung nach § 123 Abs. 2 UmwG **4. Alternative:** Vergleichbare ausländische Vorgänge **5. Alternative:** Vorgänge nach Art. 17 VO (EG) Nr. 2157/2001 **6. Alternative:** Vorgänge nach Art. 19 VO (EG) Nr. 1435/2003
Formwechsel von Kapitalgesellschaften in Personengesellschaft	§ 1 Abs. 1 Satz 1 Nr. 2 UmwStG	**1. Alternative:** Formwechsel nach § 190 Abs. 1 UmwG **2. Alternative:** Vergleichbare ausländische Vorgänge
Umwandlungen nach § 1 Abs. 2 UmwG	§ 1 Abs. 1 Satz 1 Nr. 3 UmwStG	Umwandlungen i. S. d. § 1 Abs. 2 UmwG, soweit sie einer Umwandlung i. S. d. § 1 Abs. 1 UmwG entsprechen; somit beschränkt auf **Verschmelzung von Sparkassen** nach Sparkassengesetzen oder **öffentlich-rechtlichen Versicherungsunternehmen**; die **Entflechtung** nach § 6b des Gesetzes zur Regelung offener Vermögensfragen; Umwandlung einer **eingetragenen Genossenschaft** nach § 38a des Landwirtschaftsanpassungsgesetzes; Zusammenführung von **Betrieben gewerblicher Art** im Fall der Zusammenlegung von Gemeinden
Vermögensübertragungen nach § 174 UmwG	§ 1 Abs. 1 Satz 1 Nr. 4 UmwStG	**1. Alternative:** Vollübertragung nach § 174 Abs. 1 UmwG (im Wesentlichen Verschmelzung durch Aufnahme) **2. Alternative:** Teilübertragung nach § 174 Abs. 2 UmwG (im Wesentlichen Aufspaltung bzw. Abspaltung)

Beachte:
Voraussetzungen und Einschränkungen des Anwendungsbereichs des UmwStG sind abschließend durch § 1 Abs. 2 bis 4 UmwStG geregelt (siehe S. 5). § 1 Abs. 2 UmwStG wird im Übrigen ab 2022 gestrichen; Folge ist weitgehende Globalisierung des UmwStG

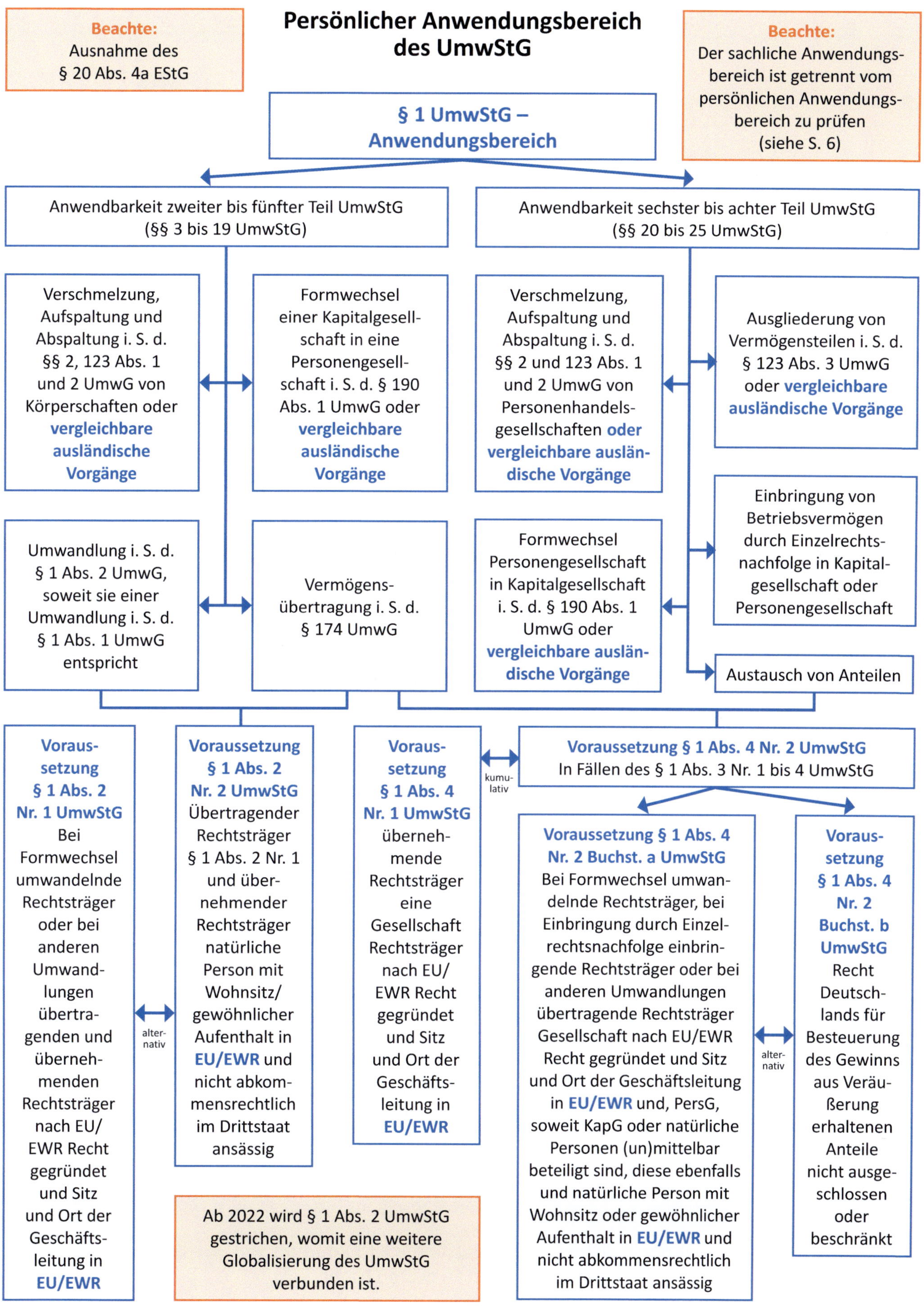

Beachte: Ausnahme des § 20 Abs. 4a EStG
Persönlicher Anwendungsbereich des UmwStG
Beachte: Der sachliche Anwendungsbereich ist getrennt vom persönlichen Anwendungsbereich zu prüfen (siehe S. 6)
§ 1 UmwStG – Anwendungsbereich
Anwendbarkeit zweiter bis fünfter Teil UmwStG (§§ 3 bis 19 UmwStG)
Anwendbarkeit sechster bis achter Teil UmwStG (§§ 20 bis 25 UmwStG)
Verschmelzung, Aufspaltung und Abspaltung i. S. d. §§ 2, 123 Abs. 1 und 2 UmwG von Körperschaften oder vergleichbare ausländische Vorgänge
Formwechsel einer Kapitalgesellschaft in eine Personengesellschaft i. S. d. § 190 Abs. 1 UmwG oder vergleichbare ausländische Vorgänge
Verschmelzung, Aufspaltung und Abspaltung i. S. d. §§ 2 und 123 Abs. 1 und 2 UmwG von Personenhandelsgesellschaften oder vergleichbare ausländische Vorgänge
Ausgliederung von Vermögensteilen i. S. d. § 123 Abs. 3 UmwG oder vergleichbare ausländische Vorgänge
Umwandlung i. S. d. § 1 Abs. 2 UmwG, soweit sie einer Umwandlung i. S. d. § 1 Abs. 1 UmwG entspricht
Vermögensübertragung i. S. d. § 174 UmwG
Formwechsel Personengesellschaft in Kapitalgesellschaft i. S. d. § 190 Abs. 1 UmwG oder vergleichbare ausländische Vorgänge
Einbringung von Betriebsvermögen durch Einzelrechtsnachfolge in Kapitalgesellschaft oder Personengesellschaft
Austausch von Anteilen
Voraussetzung § 1 Abs. 2 Nr. 1 UmwStG Bei Formwechsel umwandelnde Rechtsträger oder bei anderen Umwandlungen übertragenden und übernehmenden Rechtsträger nach EU/EWR Recht gegründet und Sitz und Ort der Geschäftsleitung in EU/EWR
alternativ
Voraussetzung § 1 Abs. 2 Nr. 2 UmwStG Übertragender Rechtsträger § 1 Abs. 2 Nr. 1 und übernehmender Rechtsträger natürliche Person mit Wohnsitz/gewöhnlicher Aufenthalt in EU/EWR und nicht abkommensrechtlich im Drittstaat ansässig
Voraussetzung § 1 Abs. 4 Nr. 1 UmwStG übernehmende Rechtsträger eine Gesellschaft Rechtsträger nach EU/EWR Recht gegründet und Sitz und Ort der Geschäftsleitung in EU/EWR
kumulativ
Voraussetzung § 1 Abs. 4 Nr. 2 UmwStG In Fällen des § 1 Abs. 3 Nr. 1 bis 4 UmwStG
Voraussetzung § 1 Abs. 4 Nr. 2 Buchst. a UmwStG Bei Formwechsel umwandelnde Rechtsträger, bei Einbringung durch Einzelrechtsnachfolge einbringende Rechtsträger oder bei anderen Umwandlungen übertragende Rechtsträger Gesellschaft nach EU/EWR Recht gegründet und Sitz und Ort der Geschäftsleitung in EU/EWR und, PersG, soweit KapG oder natürliche Personen (un)mittelbar beteiligt sind, diese ebenfalls und natürliche Person mit Wohnsitz oder gewöhnlicher Aufenthalt in EU/EWR und nicht abkommensrechtlich im Drittstaat ansässig
alternativ
Voraussetzung § 1 Abs. 4 Nr. 2 Buchst. b UmwStG Recht Deutschlands für Besteuerung des Gewinns aus Veräußerung erhaltenen Anteile nicht ausgeschlossen oder beschränkt
Ab 2022 wird § 1 Abs. 2 UmwStG gestrichen, womit eine weitere Globalisierung des UmwStG verbunden ist.

Sachlicher Anwendungsbereich des UmwStG

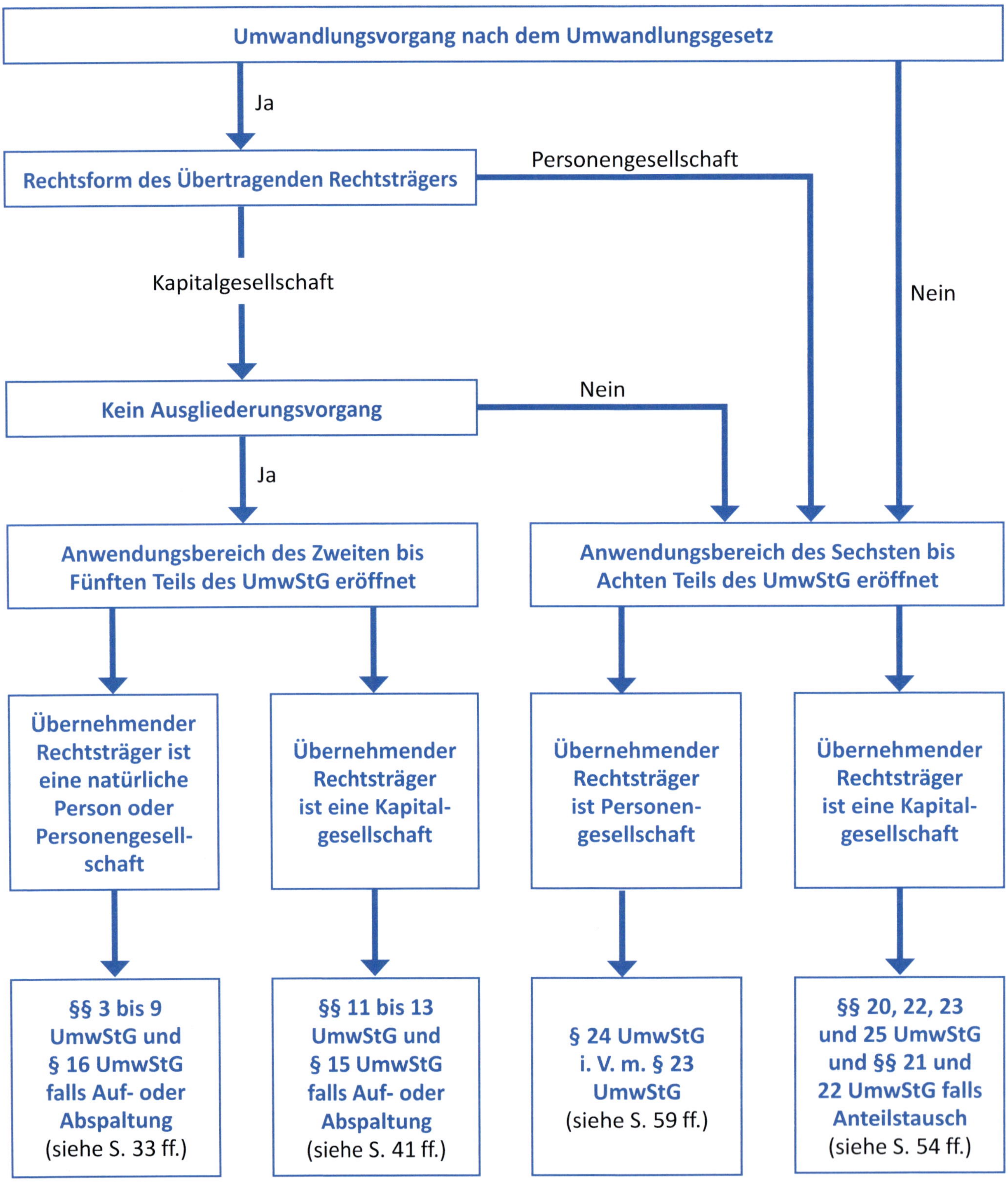

Beachte: Der persönliche Anwendungsbereich ist getrennt vom sachlichen Anwendungsbereich zu prüfen (siehe S. 5)

Begriffsbestimmungen

Begriff	Norm	Bedeutung
Richtlinie 2009/133/EG	§ 1 Abs. 5 Nr. 1 UmwStG	**Fusionsrichtlinie,** konkret: Richtlinie 2009/133/EG des Rates vom 19. Oktober 2009 über das gemeinsame Steuersystem für Fusionen, Spaltungen, Abspaltungen, die Einbringung von Unternehmensteilen und den Austausch von Anteilen, die Gesellschaften verschiedener Mitgliedstaaten betreffen, sowie für die Verlegung des Sitzes einer Europäischen Gesellschaft oder einer Europäischen Genossenschaft von einem Mitgliedstaat in einen anderen Mitgliedstaat (ABl. L 310 vom 25.11.2009, S. 34), die zuletzt durch die Richtlinie 2013/13/EU (ABl. L 141 vom 28.5.2013, S. 30) geändert worden ist, in der zum Zeitpunkt des steuerlichen Übertragungsstichtags jeweils geltenden Fassung
Verordnung (EG) Nr. 2157/2001	§ 1 Abs. 5 Nr. 2 UmwStG	**Status der Europäischen Gesellschaft (SE),** konkret: Verordnung (EG) Nr. 2157/2001 des Rates vom 08. Oktober 2001 über das Statut der Europäischen Gesellschaft (SE) (ABl. EG Nr. L 294 S. 1), zuletzt geändert durch die Verordnung (EG) Nr. 885/2004 des Rates vom 26. April 2004 (ABl. EU Nr. L 168 S. 1), in der zum Zeitpunkt des steuerlichen Übertragungsstichtags jeweils geltenden Fassung
Verordnung (EG) Nr. 1435/2003	§ 1 Abs. 5 Nr. 3 UmwStG	**Status der Europäischen Genossenschaft (SCE),** konkret: Verordnung (EG) Nr. 1435/2003 des Rates vom 22. Juli 2003 über das Statut der Europäischen Genossenschaften (SCE) (ABl. EU Nr. L 207 S. 1) in der zum Zeitpunkt des steuerlichen Übertragungsstichtags jeweils geltenden Fassung;
Buchwert	§ 1 Abs. 5 Nr. 4 UmwStG	Wert, der sich nach den steuerrechtlichen Vorschriften über die Gewinnermittlung in einer für den steuerlichen Übertragungsstichtag aufzustellenden Steuerbilanz ergibt oder ergäbe

Europäische Einordnung

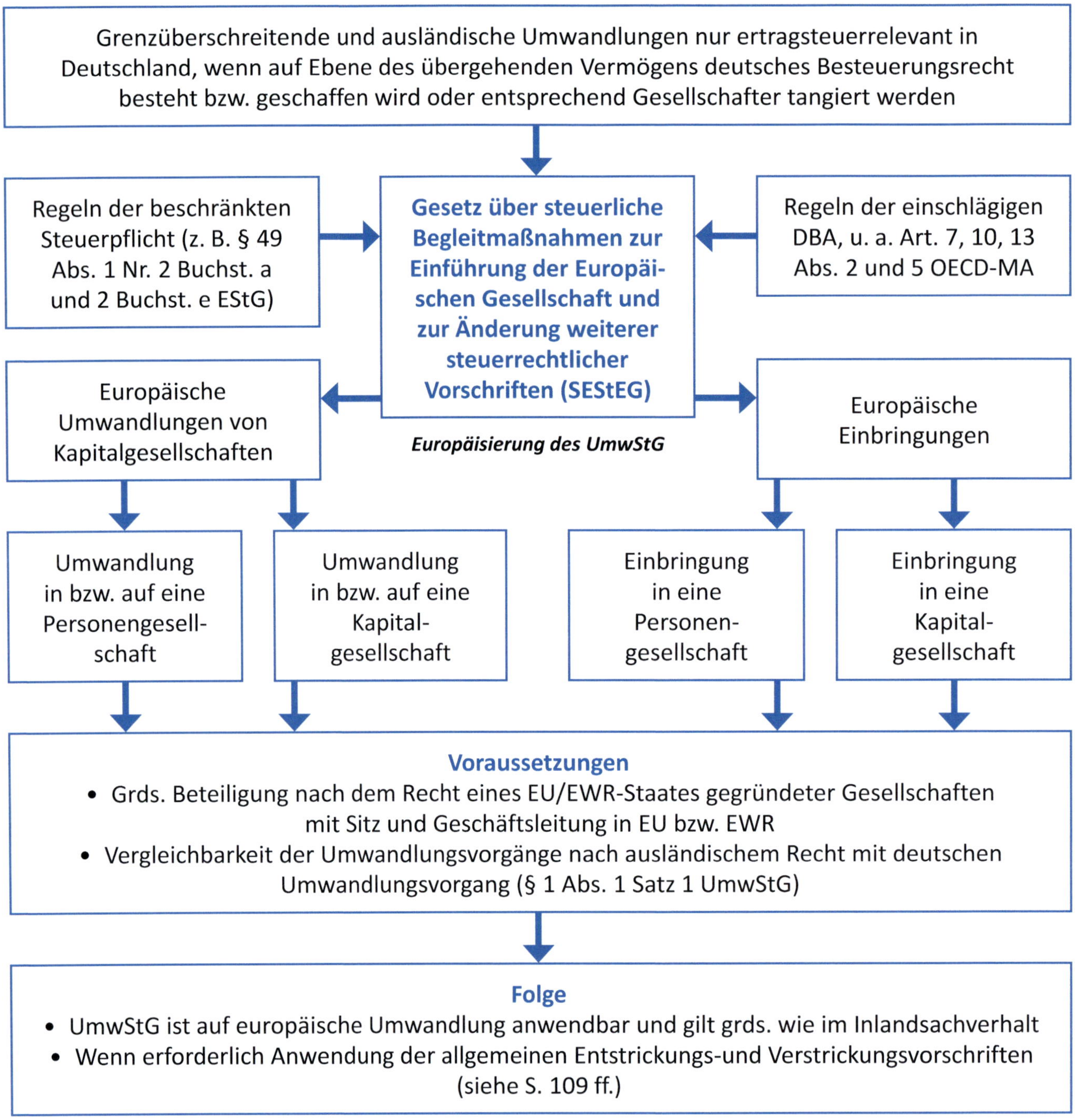

Beachte: Drittstaatenumwandlungen

Drittstaatenumwandlungen bisher nicht erfasst; Ausnahme: § 12 Abs. 2 KStG für Drittstaatenverschmelzungen beschränkt steuerpflichtiger Körperschaften und § 24 UmwStG wegen globalen Anwendungsbereich (siehe S. 59 ff. und 99 ff.). Ab 2022 wird jedoch § 1 Abs. 2 UmwStG gestrichen, womit eine weitere Globalisierung des UmwStG verbunden ist und Drittstaatenumwandlungen weitgehend erfasst sind.

Beachte: Hinzurechnungsbesteuerung,

Anwendung des § 8 Abs. 1 Nr. 10 AStG (siehe S. 114)

Zivilrechtliche Grundlagen (1/2) – UmwG

Das UmwG sieht vier Umwandlungsmöglichkeiten vor, welche in § 1 Abs. 1 UmwG abschließend aufgezählt sind ...

Verschmelzung nach §§ 2 ff. UmwG

- Gesamtes Vermögen geht von einem oder mehreren Rechtsträger(n) als Ganzes auf anderen Rechtsträger über (entweder Verschmelzung durch Aufnahme oder durch Neugründung)
- Erfolgt im Wege der Gesamtrechtsnachfolge, wodurch übertragender Rechtsträger ohne Abwicklung erlöscht
- Anteilseigner des übertragenden Rechtsträgers werden Anteilseigner des übernehmenden Rechtsträgers
- Sehr umfassender Einzugsbereich von Personen- und Kapitalgesellschaften
- §§ 3 ff. und 11 ff. i. V. m. §§ 18 f. UmwStG und §§ 20 ff. und 24 UmwStG
- siehe S. 12 und 32 ff.

Spaltung nach § 123 ff. UmwG

- **Aufspaltung**: Gesamtes Vermögen des zu spaltenden Rechtsträgers wird unter Auflösung und ohne Abwicklung auf mindestens zwei Rechtsträger übertragen (entweder Aufspaltung durch Aufnahme oder durch Neugründung)
- §§ 15 und 16 i. V. m. §§ 18 f. UmwStG und §§ 20 ff. und 24 UmwStG
- **Abspaltung:** Übertragender Rechtsträger bleibt bestehen und überträgt Vermögensteile auf einen oder mehrere andere, bereits bestehende Rechtsträger (entweder Abspaltung zur Aufnahme oder zur Neugründung)
- §§ 15 und 16 i. V. m. §§ 18 f. UmwStG und §§ 20 ff. und 24 UmwStG
- **Ausgliederung:** Vermögensteile des übertragenden Rechtsträgers werden übertragen, und übertragender Rechtsträger erhält als Gegenleistung für übertragenes Vermögen Anteile am übernehmenden Rechtsträger
- §§ 20 ff. und 24 UmwStG
- Übertragung jeweils im Wege der Sonderrechtsnachfolge
- Sehr umfassender Einzugsbereich von Personen- und Kapitalgesellschaften
- siehe S. 12 und 45 ff.

Vermögensübertragung nach §§ 174 ff. UmwG

- Möglich als Voll- oder Teilübertragung
- Erfolgt im Wege der Gesamtrechtsnachfolge
- Unterschied zur Verschmelzung und Spaltung: Anteilseigner des übertragenden Rechtsträgers werden nicht an übernehmenden Rechtsträger beteiligt
- Stattdessen i. d. R. Barleistung als Gegenleistung
- Sehr eingeschränkter Einzugsbereich, da grds. nur Kapitalgesellschaften erfasst sind
- UmwStG insoweit wie bei Verschmelzung und Spaltung
- siehe S. 12

Formwechsel nach § 190 ff. UmwG

- Identität des Rechtsträgers wird nicht verändert, lediglich dessen Rechtsform
- Keine Vermögensübertragung
- Anteilseigner ändern sich grds. nicht
- Umfassender Einzugsbereich von Personen- und Kapitalgesellschaften
- §§ 9 i. V. m. 18 UmwStG und § 25 UmwStG
- siehe S. 12 und 68 ff.

Beachte:

- Voraussetzung ist grds. Rechtsgeschäft der beteiligten Rechtsträger und notarieller Zustimmungsbeschluss der Anteilseigner (ggf. Umwandlungsvertrag)
- Wirksamkeit wird nach Anmeldung der Umwandlung zur Eintragung in das zuständige Register durch Eintragung erreicht

Zivilrechtliche Grundlagen (2/2) – Sonstiges Zivilrecht

Auch außerhalb des UmwG sind nach den allgemeinen Grundsätzen des Zivil- und Handelsrechts Umwandlungen möglich. Die Möglichkeiten dabei sind …

Identitätswahrender gesetzlicher Formwechsel

- **Wechsel zwischen Rechtsformen der GbR, OHG und KG** durch handelsrechtlichen Rechtsformzwang
- Voraussetzung: Veränderung der Aktivitäten der Gesellschaft oder der Haftungsbeschränkung einzelner Gesellschafter
- **Anwachsung** als Rechtsnachfolge in das Gesamthandsvermögen einer Personengesellschaft, infolge des Erlöschens einer Personengesellschaft, u. a. durch Ausscheiden aller Gesellschafter bis auf einen
- **Realteilung** einer Personenhandelsgesellschaft nach normalem Personengesellschaftsrecht

(*Haase* in Haase/Hofacker, UmwStG, Einleitung Rz. 120 ff.)

Übertragungen

- **Sachgründung oder Sachkapitalerhöhung** bei Übertragungen von Vermögen auf eine Kapital- oder Personengesellschaft gegen Gewährung von Anteilen an dieser als der Einzelrechtsnachfolge
- Insoweit Vergleichbarkeit mit Ausgliederung nach UmwG
- Beachte: Übertragung im Wege der Einzelrechtsnachfolge und nicht als Sonderrechtsnachfolge
- Unentgeltliche Übertragungen als Einzelrechtsnachfolge auf Kapital- und Personengesellschaften um bspw. die bestehende Gesellschafterstellung der übertragenden Person zu verstärken

(*Haase* in Haase/Hofacker, UmwStG, Einleitung Rz. 118 f.)

Auflösung eines Rechtsträgers

- Auflösung eines Rechtsträgers und Verteilung des Vermögens im Wege der Einzelrechtsnachfolge
- Verteilung erfolgt dabei auf die Gesellschafter oder einen anderen neuen oder bereits bestehenden Rechtsträger

(*Haase* in Haase/Hofacker, UmwStG, Einleitung Rz. 116)

Grundprinzipien des UmwStG

Die Grundprinzipien des UmwStG sind Teil des Anwendungsbereichs und finden sich i. d. R. bei allen Umwandlungsvorgängen des UmwStG wieder (*Haase* in Haase/Hofacker, UmwStG, Einleitung Rz. 60 ff.)

Gegenstand der Umwandlung:

- Ganzes Unternehmen des übertragenden Rechtsträgers, Betrieb, Teilbetrieb, Mitunternehmeranteil, Teil eines Mitunternehmeranteils oder 100 %-Beteiligung an Kapitalgesellschaft
- Besonderheit bei Anteilstausch: Stimmrechtsmehrheitsvermittelnder Anteil an Kapitalgesellschaft als Übertragungsgegenstand

Ansatz des gemeinen Werts und nur nachrangiger Ansatz des Buch- oder Zwischenwerts auf Antrag (siehe S. 21 ff.):

- Grds. muss Besteuerung der stillen Reserven in Deutschland vollumfänglich sichergestellt sein
- Ausnahme: insbesondere Anteilstausch
- keine Gegenleistung oder nur in Gesellschaftsrechten bestehende Gegenleistung muss vorliegen
- Ausnahme bei Einbringung nach Sechstem und Siebtem Teil, da sonstige Gegenleistungen möglich

Wertverknüpfung:

- Bewertung des einen Rechtsträgers ist für anderen grds. maßgeblich
- Bewertungswahlrecht im Zweiten bis Fünften Teil beim übertragenden Rechtsträger
- Bewertungswahlrecht im Sechsten bis Achten Teil beim übernehmenden Rechtsträger
- Ausnahmen bei grenzüberschreitenden Sachverhalten

Rechtsnachfolge:

- Übernehmender Rechtsträger tritt grds. in steuerliche Rechtsstellung des übertragenden Rechtsträgers u. a. Abschreibungen und Vorbesitzzeiten
- Verlustübergang und Zinsvortrag ausgeschlossen

Rückwirkung (siehe S. 16 ff.):

- Bei Zweitem bis Fünftem Teil Rückbezug auf steuerlichen Übertragungsstichtag
- Nach Sechstem bis Achtem Teil auf Antrag Rückbezug
- Ausnahme: Anteilstausch und Einbringung in Personengesellschaften durch Einzelrechtsnachfolge

Beachte: Bestimmte Gestaltungen

Kapitalgesellschaft an der Dritter atypisch still beteiligt ist: Vorschriften des UmwStG für die Umwandlung von Kapitalgesellschaften gelten

- Übertragende Umwandlung auf bzw. von KGaA mit vermögensmäßig beteiligten Komplementär: h. M. Mischumwandlung
- Treuhandgestaltungen: Finanzverwaltung vertritt restriktive Auffassung zur Anwendbarkeit UmwStG – OFD Nds. v. 07.02.2014, GmbHR 2014, 504 – steuerliche Behandlung des Formwechsels nach §§ 9 i. V. m. 3 ff. UmwStG und nicht §§ 11 f. UmwStG → zwingend Aufdeckung stiller Reserven

Verhältnis zwischen UmwG und UmwStG

Verschmelzung gem. § 2 ff. UmwG		
Ausgangsrechtsform	**Zielrechtsform**	**Regelung im UmwStG**
Kapitalgesellschaft	Personengesellschaft	§§ 3 ff. und 18 UmwStG
Kapitalgesellschaft	Kapitalgesellschaft	§§ 11 ff. und 19 UmwStG
Personengesellschaft	Kapitalgesellschaft	§ 20 ff. UmwStG
Personengesellschaft	Personengesellschaft	§ 24 UmwStG

Formwechsel gem. § 190 ff. UmwG		
Ausgangsrechtsform	**Zielrechtsform**	**Regelung im UmwStG**
Kapitalgesellschaft	Personengesellschaft	§§ 9 und 18 UmwStG
Kapitalgesellschaft	Kapitalgesellschaft	Steuerrechtlich Nullum
Personengesellschaft	Kapitalgesellschaft	§ 25 UmwStG
Personengesellschaft	Personengesellschaft	Steuerrechtlich Nullum

Spaltung gem. § 123 ff. UmwG								
Aufspaltung			**Abspaltung**			**Ausgliederung**		
Ausgangsrechtsform	**Zielrechtsform**	**Regelung im UmwStG**	**Ausgangsrechtsform**	**Zielrechtsform**	**Regelung im UmwStG**	**Ausgangsrechtsform**	**Zielrechtsform**	**Regelung im UmwStG**
Kapitalgesellschaft	Personengesellschaft	§§ 16 und 18 UmwStG	Kapitalgesellschaft	Personengesellschaft	§§ 16 und 18 UmwStG	Kapitalgesellschaft	Personengesellschaft	§ 24 UmwStG
Kapitalgesellschaft	Kapitalgesellschaft	§§ 15 und 19 UmwStG	Kapitalgesellschaft	Kapitalgesellschaft	§§ 15 und 19 UmwStG	Kapitalgesellschaft	Kapitalgesellschaft	§ 20 ff. UmwStG
Personengesellschaft	Kapitalgesellschaft	§ 20 ff. UmwStG	Personengesellschaft	Kapitalgesellschaft	§ 20 ff. UmwStG	Personengesellschaft	Kapitalgesellschaft	§ 20 ff. UmwStG
Personengesellschaft	Personengesellschaft	§ 24 UmwStG	Personengesellschaft	Personengesellschaft	§ 24 UmwStG	Personengesellschaft	Personengesellschaft	§ 24 UmwStG

Beachte: Vermögensübertragung nach § 174 ff. UmwG UmwStG findet insoweit wie bei Verschmelzung und Spaltung Anwendung

Möglichkeiten der Rechtsnachfolge

Durch die umwandlungsrechtlichen Umstrukturierungen und ihre umwandlungssteuerrechtlichen Umsetzungen treten die übernehmenden Rechtsträger die Rechtsnachfolge der übertragenden Rechtsträger an. Gemeinhin werden die folgenden drei Möglichkeiten der Rechtsnachfolge unterschieden …

Einzelrechtsnachfolge

- Einzelunternehmen oder Anteile an Personengesellschaft werden durch Verkauf oder Sacheinlage (Sachkapitalerhöhung) in Kapitalgesellschaft eingebracht → Rechtsformwechsel wird herbeigeführt
- Trennung zwischen Verpflichtungsgeschäft und Verfügungsgeschäft beachten
- Gegenstand des Verpflichtungsgeschäfts ist das Unternehmen als Ganzes
- Verfügungsgeschäft sind die einzelnen Bestandteile des Unternehmens, welche nach den jeweils geltenden Vorschriften zu übertragen sind

(*Haase* in Haase/Hofacker, UmwStG, Einleitung Rz. 101 und 104)

Gesamtrechtsnachfolge (Fußstapfentheorie)

- Eine Gesamtrechtsnachfolge führt im Steuerrecht zum Übergang gesamten Rechtsstellung vom Rechtsvorgänger auf den Rechtsnachfolger
- Somit auch gesamter Übergang von Forderungen und Schulden aus dem Steuerschuldverhältnis des Rechtsvorgängers
- Vorgang ist umwandlungssteuerlich immer dann gegeben, wenn der gesamte Betrieb auf den Rechtsnachfolger übergeht

(*Haase* in Haase/Hofacker, UmwStG, Einleitung Rz. 103 ff.)

Sonderrechtsnachfolge

- Sonderform der Rechtsnachfolge
- Rechtsnachfolge tritt nur in einen bestimmten Teil der Aktiva und Passiva des Rechtsvorgängers ein
- Auch bekannt als partielle Gesamtrechtsnachfolge
- (Umwandlungs-) steuerrechtlich werden entsprechende Vorgänge i. d. R. wie echte Gesamtrechtsnachfolge behandelt

(*Haase* in Haase/Hofacker, UmwStG, Einleitung Rz. 115)

Beachte:
Wenn Forderungen und Verbindlichkeiten zwischen dem Rechtsvorgänger (übertragende Gesellschaft) und dem Rechtsnachfolger (übernehmende Gesellschaft) bestehen, findet eine Konfusion statt, soweit die Forderungen und Verbindlichkeiten Gegenstand der Rechtsnachfolge sind (*Behrendt* in Haase/Hofacker, UmwStG, § 6 Rz. 11 bis 19)

Fusionsrichtlinie

Richtlinie 2009/133/EG des Rates vom 19.10.2009 über das gemeinsame Steuersystem für Fusionen, Spaltungen, Abspaltungen, die Einbringung von Unternehmensteilen und den Austausch von Anteilen, die Gesellschaften verschiedener Mitgliedstaaten betreffen, sowie für die Verlegung des Sitzes einer Europäischen Gesellschaft oder einer Europäischen Genossenschaft von einem Mitgliedstaat in einen anderen Mitgliedstaat

– Fusionsrichtlinie –

Kapitalgesellschaften aus mind. zwei Mitgliedstaaten beteiligt

- Fusionen, Art. 2 Buchst. a
- Spaltungen, Art. 2 Buchst. b
- Abspaltungen, Art. 2 Buchst. c
- Einbringung von Unternehmensteilen, Art. 2 Buchst. d
- Austausch von Anteilen, Art. 2 Buchst. e
- Verlegungen Sitz SE oder SCE, Art. 1 Buchst. b

Rechtsfolgen

– Keine Besteuerung stiller Reserven wenn Buchwertansatz, Art. 4 Abs. 1, 4 und 5 – Buchwertverknüpfung

– Steuerfrei ausgewiesene Rückstellungen oder Rücklagen können entsprechend angesetzt werden, Art. 5

– Verlustübernahmeregelung im Inlandfall, Art. 6

– Art. 4, 5 und 6 entsprechend für Unternehmensteile, Art. 9

– Übernehmende Gesellschaft besitzt Beteiligung an einbringender Gesellschaft, so unterliegen Wertsteigerungen bei übernehmender Gesellschaft bei Beteiligungsuntergang keiner Besteuerung, wenn mind. 10 % beteiligt, Art. 7

– Kapitalzuteilung steuerfrei, Art. 8 Abs. 1 und 2

– Angemessenheit der Maßnahme, Art. 8 Abs. 4 und 5

– Zuzahlung können besteuert werden, Art. 8 Abs. 9

Rechtsfolgen

– Sitzverlegung steuerfrei bei Buchwertansatz, Art. 12 Abs. 1, 2 und 3

– Rückstellungen und Rücklagen und innerstaatliche Verluste, Art. 13

– Keine Gesellschafterbesteuerung, jedoch bei Realisierungen denkbar, Art. 14

Sonderfall:

Einbringung einer Betriebsstätte, Art. 10

Unter Vermögen EU-Betriebsstätte, endgültiger Verzicht auf Besteuerungsrecht Einbringungsstaat, jedoch Verluste „zurückdrehen"

Ausnahme: Besteuerungsrecht bei Anrechnungsmethode

Sonderfall:

Steuerlich transparente Gesellschaft, Art. 11

Für steuerlich transparent betrachtete Gesellschaften nicht anzuwenden, dann jedoch Anrechnungsmethode auf Besteuerung, Abs. 1 und 2

Beachte:

Zur deutschen Umsetzung siehe §§ 20 und 23 UmwStG, umgesetzt durch SEStEG (siehe Seite 107);
Für europarechtliche Würdigung Richtlinie maßgebend

Ab 2022 wird § 1 Abs. 2 UmwStG gestrichen, womit eine weitere Globalisierung des UmwStG verbunden ist.

Richtungen von Umwandlungsvorgängen

Umwandlungen können in verschiedene Richtungen erfolgen, dabei ist umwandlungssteuerlich insbesondere von Bedeutung, welche Gesellschaft „bewegt“ werden kann und muss, da damit verschiedene steuerliche Folgen verbunden sein können (Verlust von Verlustvorträgen, Auslösung von GrESt, etc.). Nachfolgend sollen die möglichen Richtungen eines Umwandlungsvorgangs dargestellt werden (insbesondere Verschmelzungen) …

Sidestream-Merger

- Umwandlungsvorgang erfolgt „zur Seite“
- Seitwärtsumwandlungen erfolgen von einer Gesellschaft auf eine Schwestergesellschaft
- Die übertragende Gesellschaft und die aufnehmende Gesellschaft müssen somit dieselbe Muttergesellschaft aufweisen
- Es ist nicht erforderlich, dass die Muttergesellschaft zu gleichen Anteilen an ihren an der Umwandlung beteiligten Tochtergesellschaften beteiligt ist

Downstream-Merger

- Umwandlungsvorgang erfolgt von „oben nach unten“
- Downstream-Merger erfolgen somit von der Muttergesellschaft auf die Tochtergesellschaft
- Nach dem Downstream-Merger verbleibt i. d. R. nur noch die (vorherige) Tochtergesellschaft
- Es ist nicht erforderlich, dass die Muttergesellschaft eine 100 % Beteiligung an der beteiligten Tochtergesellschaften hält

Upstream-Merger

- Umwandlungsvorgang erfolgt von „unten nach oben “
- Upstream erfolgen somit von der Tochtergesellschaft auf die Muttergesellschaft
- Nach dem Upstream-Merger verbleibt i. d. R. nur noch die (vorherige) Muttergesellschaft
- Es ist nicht erforderlich, dass die Muttergesellschaft eine 100 %-Beteiligung an der beteiligten Tochtergesellschaften hält

Beachte:
Die genannten Umwandlungsrichtungen sind insbesondere bei Verschmelzungsvorgängen heranzuziehen. Innerhalb der weiteren Umwandlungsarten sind teilweise auch Umwandlungsvorgänge zwischen unabhängigen Rechtsträgern möglich (bspw. § 20 UmwStG, *Hofacker* in Haase/Hofacker, UmwStG, § 20 Rz. 21 ff.)

Steuerliche Rückwirkung – Allgemein

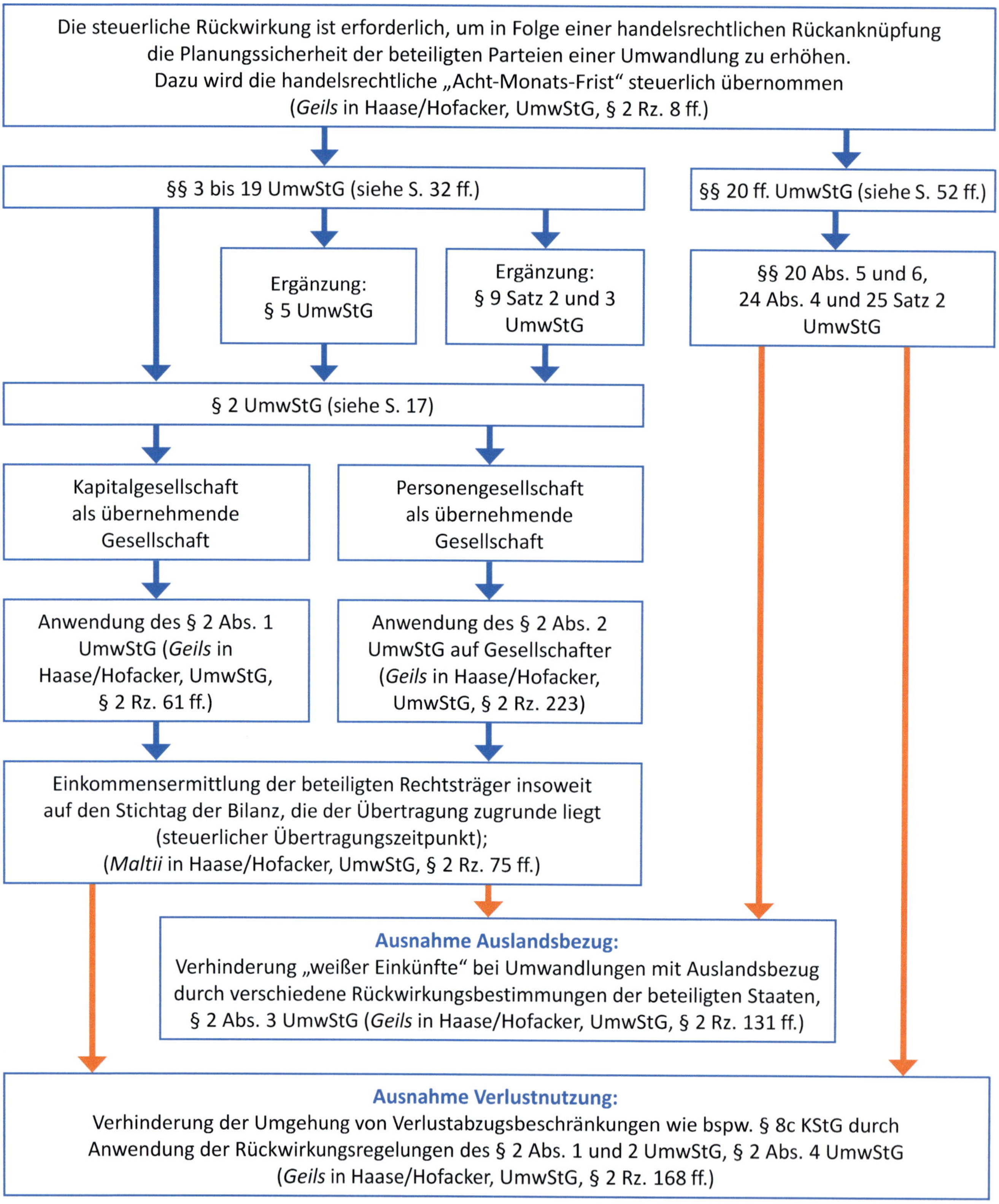

Beachte: Durch das Abzugsteuerentlastungsmodernisierungsgesetz (AbzStEntModG) wurde ein § 2 Abs. 5 UmwStG eingeführt. Dieser zielt nach Auffassung des Gesetzgebers auf Verluste aus bestimmten missbräuchlichen Gestaltungen ab und soll für diese aus Gründen der Rechtssicherheit ausdrücklich ein Verlustverrechnungsverbot sicherstellen.

Steuerliche Rückwirkung – Rechtsfolgen bei Umwandlung auf Körperschaft

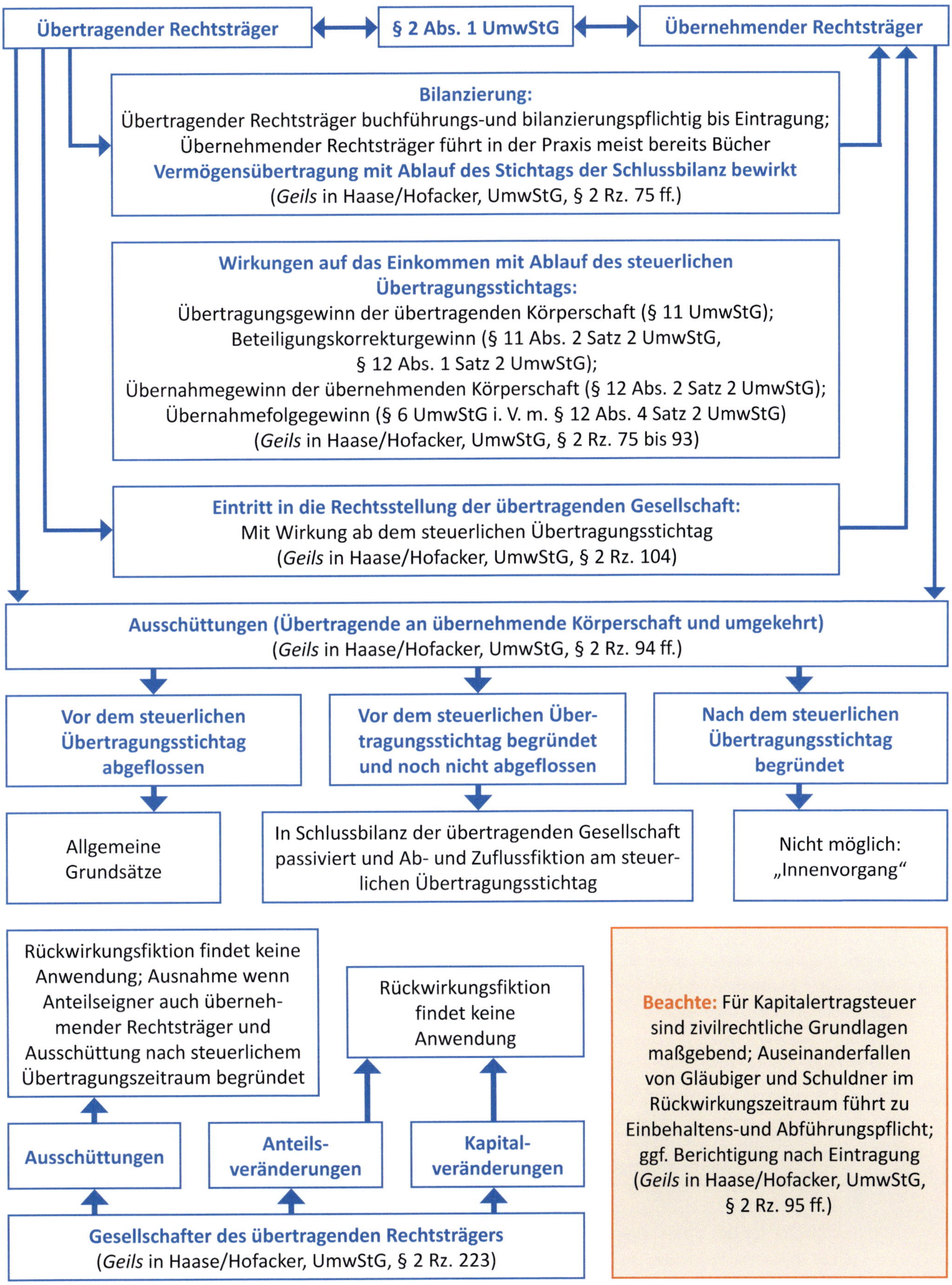

Steuerliche Rückwirkung – Rechtsfolgen bei Umwandlung auf Personengesellschaft

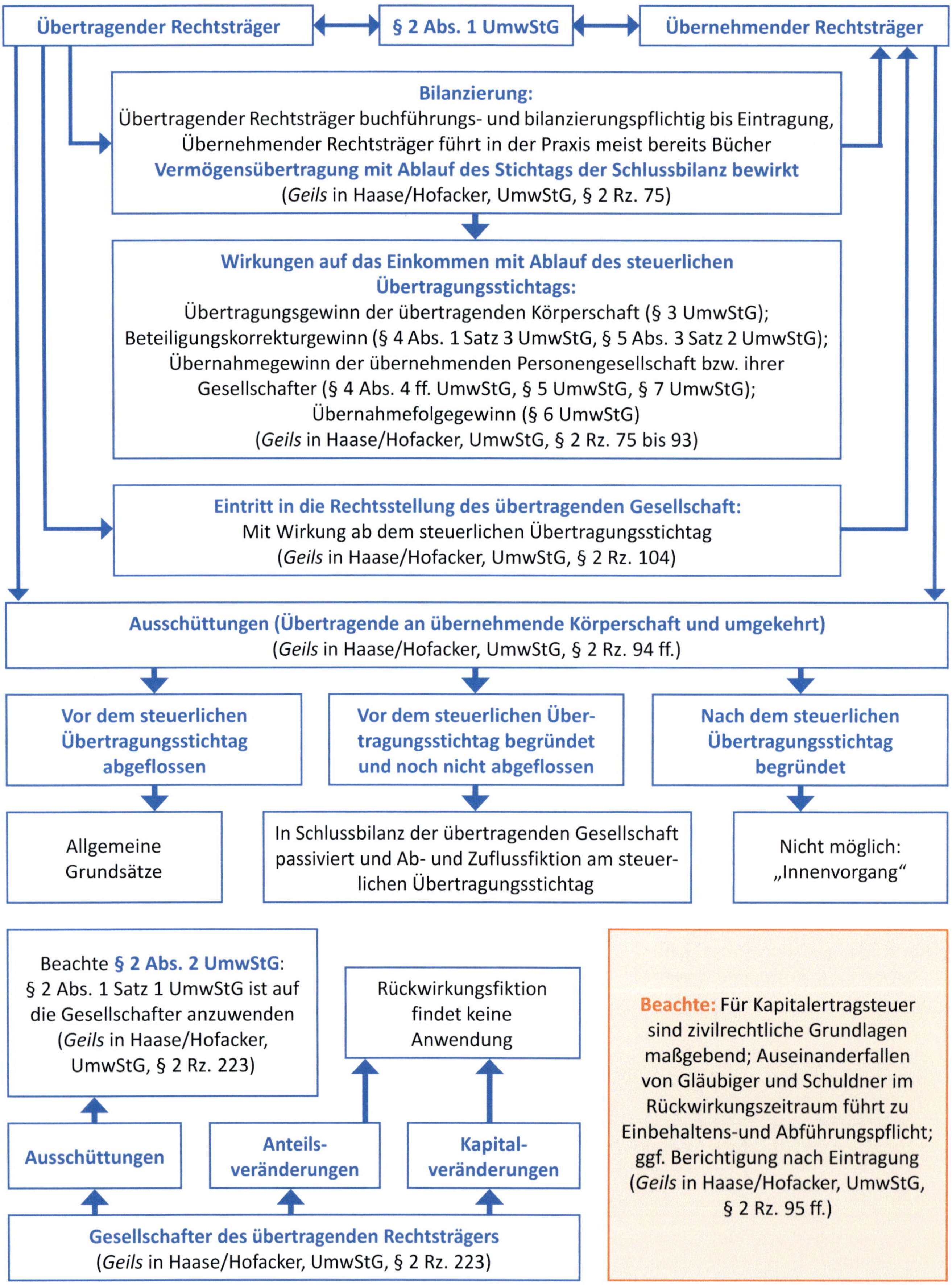

Steuerliche Rückwirkung – Umwandlungen mit Auslandsbezug

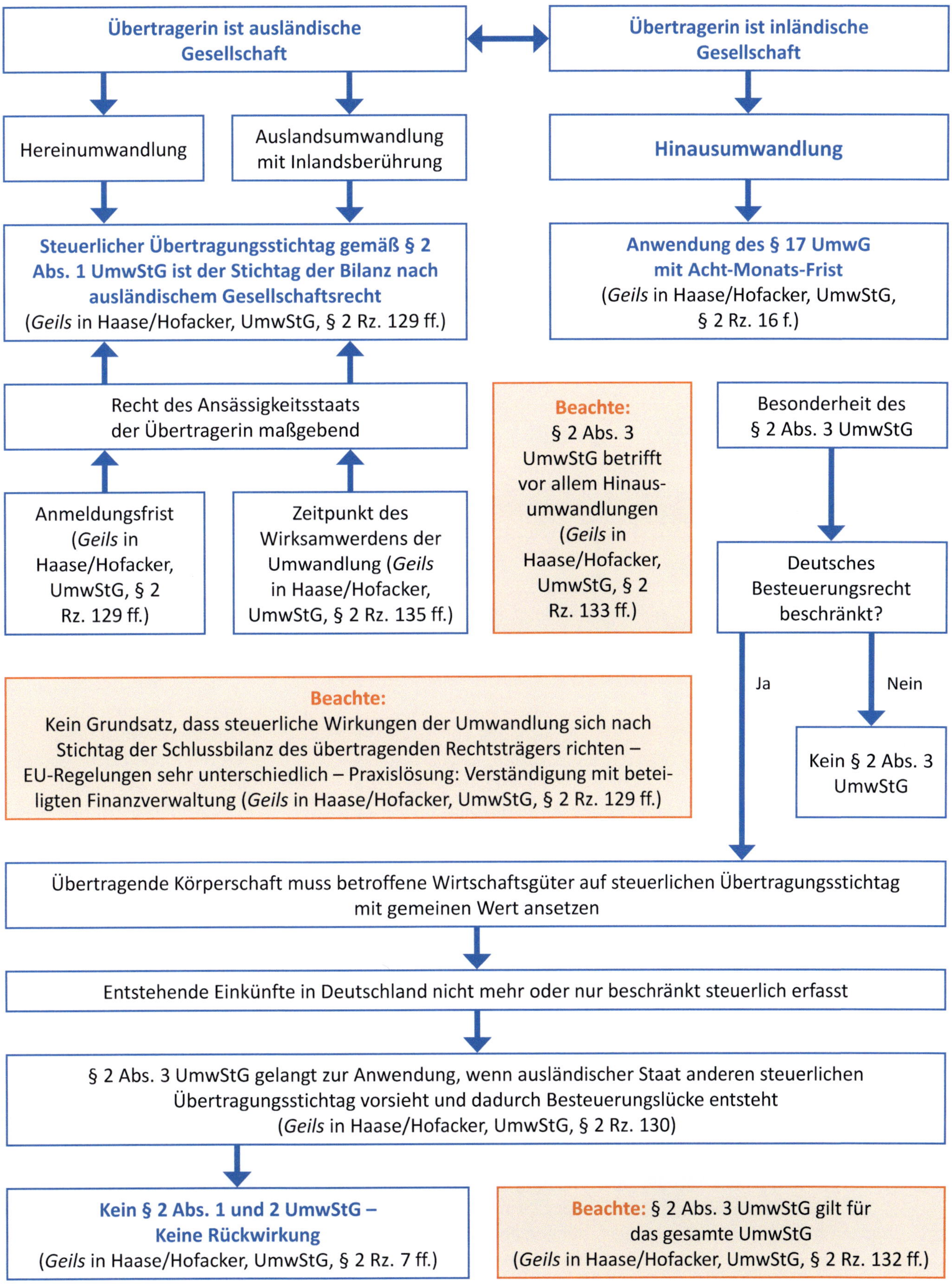

Steuerliche Rückwirkung – Verlustnutzung

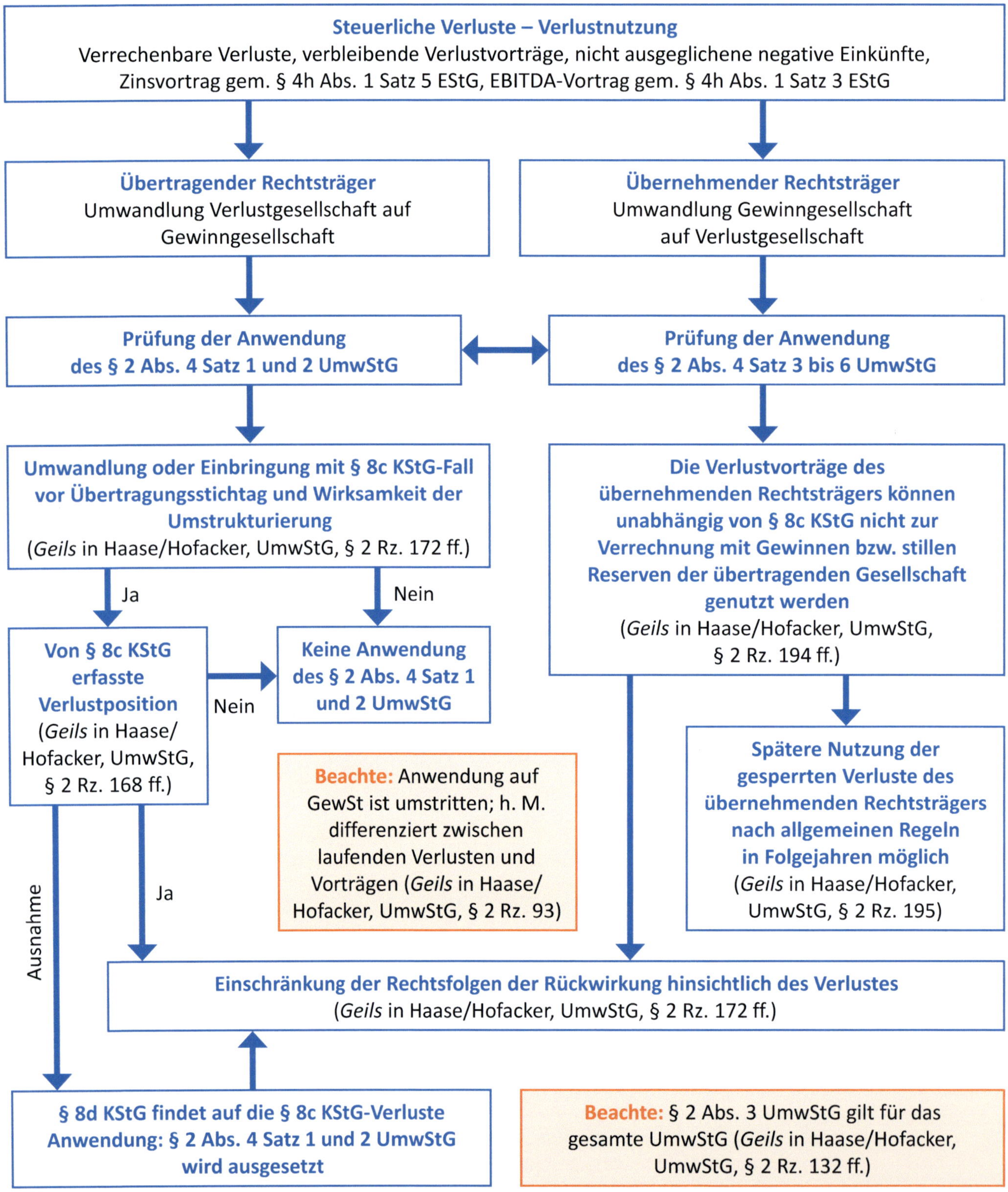

Beachte: Durch das Abzugsteuerentlastungsmodernisierungsgesetz (AbzStEntModG) wurde ein § 2 Abs. 5 UmwStG eingeführt. Dieser zielt nach Auffassung des Gesetzgebers auf Verluste aus bestimmten missbräuchlichen Gestaltungen ab und soll für diese aus Gründen der Rechtssicherheit ausdrücklich ein Verlustverrechnungsverbot erreichen.

Gemeiner Wert – Definition und Abgrenzung

Gemeiner Wert – Legaldefinition in § 9 BewG

Der gemeine Wert wird durch den Preis bestimmt, der im gewöhnlichen Geschäftsverkehr nach der Beschaffenheit des Wirtschaftsgutes bei einer Veräußerung zu erzielen wäre. Dabei sind alle Umstände, die den Preis beeinflussen, zu berücksichtigen. Ungewöhnliche oder persönliche Verhältnisse sind nicht zu berücksichtigen. Als persönliche Verhältnisse sind auch Verfügungsbeschränkungen anzusehen, die in der Person des Steuerpflichtigen oder eines Rechtsvorgängers begründet sind.
Das gilt insbesondere für Verfügungsbeschränkungen, die auf letztwilligen Anordnungen beruhen.

= **Marktwert** = **Verkehrswert**

Objektive Wertermittlung
Jeweils bezogen auf ein bestimmtes (materielles oder immaterielles) Wirtschaftsgut als Gegenstand des Geschäftsverkehrs

Methoden in absteigender Rangfolge ...
(impliziert durch § 9 Abs. 2 Satz 1 BewG)

Vergleichswertmethode
Ermittlung auf der Grundlage von Verkaufspreisen vergleichbarer Wirtschaftsgüter

→ **Ertragswertmethode**
Ermittlung durch Kapitalisierung der Erträge, sofern für Vergleichswertmethode relevante Verkäufe nicht oder zu selten erfolgt bzw. veräußerte Wirtschaftsgüter nicht bzw. nicht vollständig vergleichbar; letztlich zukünftiger Ertrag maßgebend

→ **Sachwertmethode**
Ermittlung in Fällen, in denen für gleiches bzw. vergleichbares Wirtschaftsgut kein Marktpreis und Ermittlung nach Ertragswertmethode nicht möglich; letztlich verbleiben Herstellungskosten als einziger objektiver Bewertungsmaßstab für Schätzung des gemeinen Werts

Beschaffenheit des Wirtschaftsgut maßgebend für Bewertung
- Tatsächliche und rechtliche Verhältnisse, die zu bewertenden Wirtschaftsgut arteigen sind
- Umstände wirtschaftlicher Art: Umfang der Nachfrage nach Wirtschaftsgut
- Umstände rechtlicher Art: dingliche Beschränkungen des Eigentums an dem Wirtschaftsgut
- Umstände tatsächlicher Art: Umstand in Form von Umwelteinflüssen, bspw. Lärm, Geruch, Erschütterungen etc.

Beachte: Anlässe zur Ermittlung des gemeinen Wertes kennt das UmwStG bspw. in §§ 3 Abs. 1, 11 Abs. 1, 13 Abs. 2 Satz 3, 15 Abs. 1, 20 Abs. 1, 20 Abs. 2 Satz 5, 20 Abs. 4 Satz 2, 21 Abs. 1, 21 Abs. 2 Satz 2, 24 Abs. 1 UmwStG

Beachte:
Abgrenzung kann der gemeine Wert im UmwStG durch den Buchwert und den Zwischenwert erhalten. Daneben gibt es auch in anderen Rechtsgebieten Abgrenzungen bspw. durch den Teilwert in § 10 BewG oder auch Anschaffungs- oder Herstellungskosten, welche im Gegensatz zum gemeinen Wert auch Nebenkosten des Käufers berücksichtigen.

Ansatz des gemeinen Werts als Grundsatz

Bewertungsgrundsatz des UmwStG
Übergehende Wirtschaftsgüter sind in der steuerlichen Schlussbilanz des übertragenden Rechtsträgers mit dem gemeinen Wert anzusetzen
Behandlung der Umwandlung wie ein Veräußerungs-und Anschaffungsvorgang

Übergehende Wirtschaftsgüter

=

grds. alle bilanzierungsfähigen aktiven und passiven Wirtschaftsgüter des übertragenden Rechtsträgers

\+

nicht entgeltlich erworbene immaterielle Wirtschaftsgüter

\+

selbst geschaffene immaterielle Wirtschaftsgüter

Beachte: Besonderheit bei Pensionsrückstellungen, da für diese der Wert i. R. d. Bewertung durch Anwendung des § 6a EStG zu ermitteln ist (siehe S. 25)

Steuerliche Schlussbilanz des übertragenden Rechtsträgers

=

Zwingende Verpflichtung zur Aufstellung einer steuerlichen Schlussbilanz sofern sachlicher Anwendungsbereich des UmwStG eröffnet ist

\+

Anwendung der Acht-Monats-Frist sofern Rückwirkung möglich ist (siehe S. 16 ff.)

\+

Schlussbilanz ist nach inländischen Bilanzierungsgrundsätzen aufzustellen

\+

Nach Verwaltungsauffassung gilt für steuerliche Schlussbilanz auch Gebot der elektronischen Übermittlung nach § 5b EStG

Ansatz zum gemeinen Wert

=

Definition des § 9 Abs. 2 BewG ist mangels eigener Definition zu übernehmen (siehe S. 21)

\+

Einzelbewertung der maßgeblichen Wirtschaftsgüter

\+

Maßgebend sind die Verhältnisse zum steuerlichen Übertragungsstichtag

Beachte: Bei der Bewertung mit dem gemeinen Wert können sich Schwierigkeiten hinsichtlich der nicht entgeltlich erworbenen und selbst geschaffenen immateriellen Wirtschaftsgüter ergeben – Insbesondere Geschäfts- und Firmenwert, da Einzelbewertung vorgesehen ist, dieser Wert sich jedoch aus dem Gesamtkontext ergibt

Buchwert- oder Zwischenwertansatz auf Antrag

Antragswahlrecht ermöglicht Ansatz des Buchwerts oder eines Zwischenwerts
Zu den Voraussetzungen des jeweiligen Ansatzes siehe die einzelnen Umwandlungsvorgänge (siehe S. 32 ff.)
Behandlung soll Steuerneutralität der Umwandlung sicherstellen

Ansatz des Buchwerts

Buchwertansatz ist Untergrenze der Bewertung des übertragenden Vermögens

Zu übertragende Wirtschaftsgüter müssen einheitlich mit dem Buchwert in der Schlussbilanz der übertragenden Gesellschaft angesetzt werden; somit fortgeführte Anschaffungs- bzw. Herstellungskosten

Aufdeckung stiller Reserven kann insoweit gänzlich vermieden werden

Bewertung unterhalb des Buchwerts ist im Rahmen des Bewertungswahlrechts grds. nicht möglich; Teilwertabschreibungen sind im Rahmen der allgemeinen Grundsätze jedoch zulässig

Beachte: Eine Maßgeblichkeit der handelsrechtlichen Ansätze für den Ansatz des steuerlichen Buchwerts besteht nicht

Beachte: Antrag ist entweder durch übertragenden oder übernehmenden Rechtsträger bei nach §§ 20, 26 AO zuständigem Finanzamt zu stellen. Wer Antrag stellen muss, ist abhängig vom jeweiligen Umwandlungsvorgang

Ansatz eines Zwischenwerts

Zwischenwert ist ein Wertansatz, welcher über dem Buchwert aber unter dem gemeinen Wert liegt

Zu übertragende Wirtschaftsgüter werden gleichmäßig und einheitlich im Verhältnis ihres jeweiligen Anteils am übertragenden Vermögen aufgedeckt Gesamtaufstockungsbetrag muss proportional im Verhältnis der stillen Reserven der einzelnen Wirtschaftsgüter verteilt werden

Teilweise Aufdeckung stiller Reserven Folge des Zwischenwertansatzes

Sofern fehlerhafterweise einzelne Wirtschaftsgüter mit Buchwert und andere mit höherem Wert in Schlussbilanz angesetzt werden, muss von Zwischenwertansatz ausgegangen werden; Bilanzberichtigung insoweit proportional zu den stillen Reserven erforderlich

Beachte: Eine selektive Aufstockung einzelner Wirtschaftsgüter ist beim Zwischenwertansatz nicht zulässig

Antragswahlrecht und dessen Ausübung

Grundsatz des gemeinen Werts als Wertansatz
Das UmwStG sieht grds. den Ansatz des gemeinen Wertes vor, wenn Umwandlungen vollzogen werden; praktisch erhebliche Bedeutung hat jedoch das sog. Antragswahlrecht auf Ansatz des Buchwerts oder eines Zwischenwerts in der Steuerbilanz (grds. für alle Umwandlungen nach UmwStG möglich).

Übertragender Rechtsträger
Übertragungsgewinn der Körperschaftsteuer und Solidaritätszuschlag sowie Gewerbesteuer

Übernehmender Rechtsträger
Gemeiner Wert, der auf übergehende Wirtschaftsgüter aus steuerlicher Schlussbilanz der übertragenden Körperschaft entfällt, ist anzusetzen.

Ausnahme: Antrag auf Ansatz des Buchwerts oder eines Zwischenwert in der Steuerbilanz

Voraussetzungen: Abhängig vom jeweiligen Umwandlungsvorgang (siehe dazu die einzelnen Umwandlungen ab S. 32 ff.); daneben Antrag mit folgenden Anforderungen

Antragsteller: Steuerpflichtiger selbst, somit übertragender Rechtsträger bzw. dessen Rechtsnachfolger, ausgeübt durch vertretungsberechtigte Organe

Form: keine Formvorschriften, auch formlos bspw. konkludentes Handeln, u. a. Abgabe der Steuererklärung; Empfehlung: Ausdrücklich mit Anschreiben (Nachweis)

Frist: Erstmalige Abgabe der steuerlichen Schlussbilanz; Beachte Risiken bei Rückwirkung, sofern denkbar Abgabe abwarten bis Entscheidung möglich

Zuständiges Finanzamt: Für Ertragsbesteuerung des übertragenden oder übernehmenden Rechtsträgers nach §§ 20, 26 AO zuständiges Finanzamt (Abhängig vom Umwandlungsvorgang

Inhalt: Grds. nur einheitlich für alle übergehenden Wirtschaftsgüter; Beschränkung führt zu Unwirksamkeit und Antrag kann als nicht gestellt gelten

Auslegung: Möglichst präzise und klare Antragstellung, um Auslegung und Risiken daraus zu vermeiden

Änderung, Anfechtung, Widerruf: Nach h. M. kann Antrag nicht zurückgenommen, geändert oder wegen Irrtums angefochten werden, da Antragserfordernis steuerbegründendes, gesetzliches Tatbestandsmerkmal

Rechtsfolge: Sofern alle Voraussetzungen des Antrags kumulativ erfüllt sind, kann bei Vorliegen der Voraussetzungen der Buchwert bzw. der Zwischenwert angesetzt werden

Beachte: Durch Wertverknüpfung ist stets auch der übernehmende Rechtsträger von der korrekten Ausübung des Antragswahlrechts tangiert

Besonderheiten bei Pensionsrückstellungen

Pensionsrückstellungen werden gemäß § 6a EStG bewertet
Sie werden für Pensionsverpflichtungen gebildet, um Altersruhegeld, Invalidenrenten oder Hinterbliebenenversorgung zu gewährleisten.
Unternehmen schafft für Arbeitnehmer oder sonstige Personen betriebliche Altersversorgung

Voraussetzungen für die Bildung (Abs. 1):

- Rechtsanspruch (Nr. 1)
- Bindung an zukünftige Gewinne (Nr. 2 Alt. 1)
- Widerrufsvorbehalt (Nr. 2 Alt. 1)
- Schriftform- und Eindeutigkeitserfordernis

Link zum UmwStG
Für Zwecke der Umwandlung ist es erforderlich Pensionsrückstellungen entsprechend § 6a UmwStG zu bewerten
Grundsatz im Umwandlungssteuerrecht

Damit wird sichergestellt, dass stille Lasten bei der Bewertung nicht berücksichtigt werden

Erstmalige Bildung einer Pensionsrückstellung (Abs. 2):

- Vor Eintritt des Versorgungsfalls (Nr. 1) – unter Beachtung des Mindestalters
- Nach Eintritt des Versorgungsfalls (Nr. 2) – für Wirtschaftsjahr, in dem Versorgungsfall eintritt

Bewertung von Pensionsrückstellungen (Abs. 3):

- Grundgedanke ist der Ansatz des Teilwerts
- Rechnungszinsfuß von 6 % und Regeln der Versicherungsmathematik maßgebend
- Differenzierung nach „vor Beendigung des Dienstverhältnisses“ und „nach Beendigung des Dienstverhältnisses“ bzw. „Eintritt des Versorgungsfalls“
- „vor Beendigung des Dienstverhältnisses“ (Abs. 3 Satz 2 Nr. 1): Anwartschaftsbarwert am Schluss des Wirtschaftsjahres abzüglich eines Barwerts gleichbleibender Jahresbeträge sowie unter Beachtung von Altersgrenzen
- „nach Beendigung des Dienstverhältnisses“ bzw. „Eintritt des Versorgungsfalls (Abs. 3 Satz 2 Nr. 1): Barwert der künftigen Pensionsleistungen am Schluss des Wirtschaftsjahres

Erstmalige, laufenden und nachgeholte Zuführungen (Abs. 4)

- Erstmalige Zuführung: Wirtschaftsjahr, in dem Versorgungsverpflichtung wirksam entsteht und Voraussetzungen des § 6a EStG erfüllt
- Laufende Zuführung: Darf in Wirtschaftsjahr höchstens um Unterschied zwischen Teilwert am Schluss des Wirtschaftsjahrs und am Schluss des vorangegangenen Wirtschaftsjahrs erhöht werden (sog. Zuführungssoll)
- Nachgeholte Zuführungen: Sind grds. ausgeschlossen (sog. Nachholverbot)

Auflösung der Pensionsrückstellung (Abs. 5)
Nach Eintritt des Versorgungsfalls jährlich abzuschmelzen; zudem bei Wegfall gänzlich aufzulösen

Konfusion bei der Übertragung

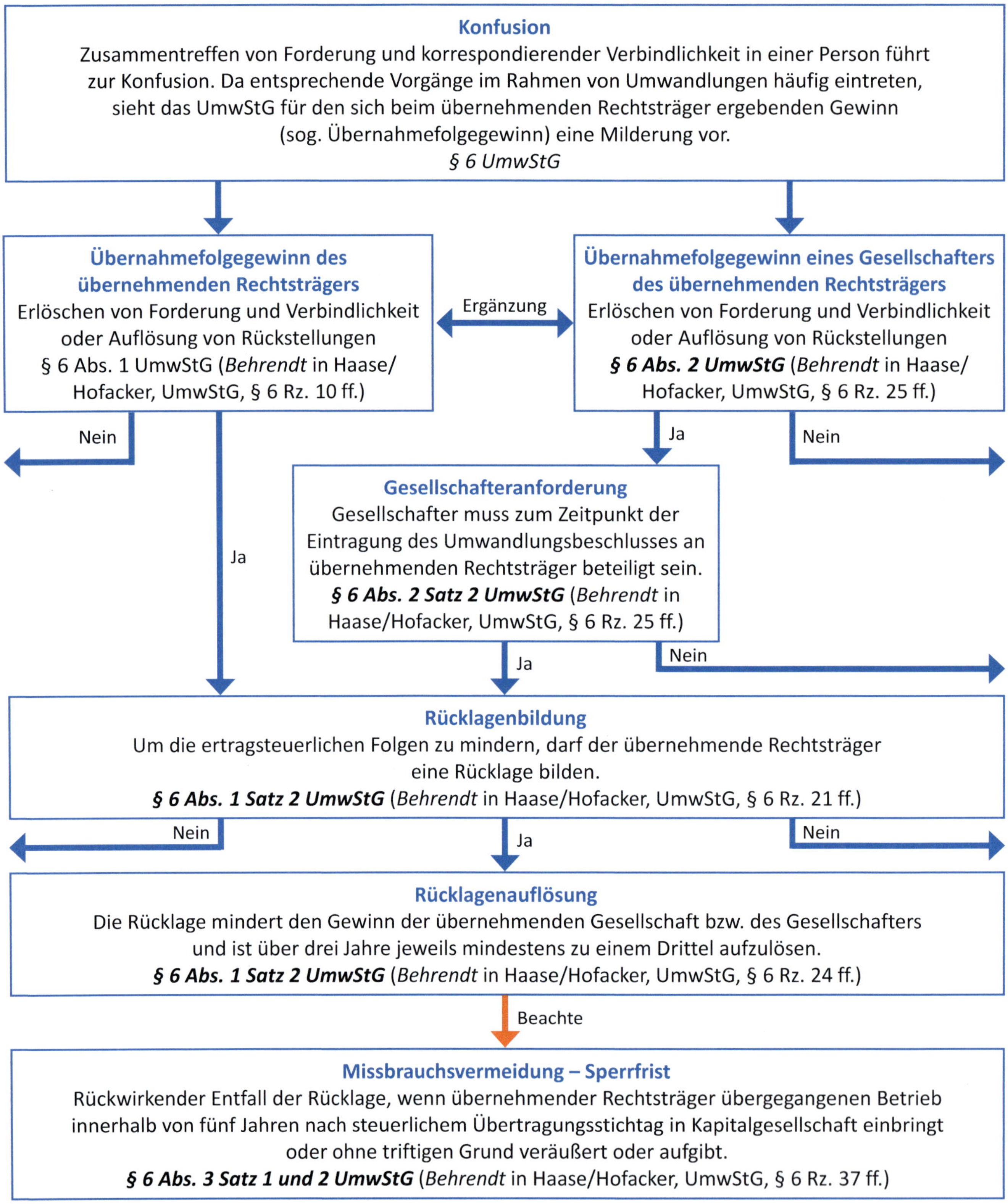

Beachte: § 6 UmwStG ist durch Verweis auch bei Verschmelzung und Spaltung von Körperschaften und Einbringungsvorgängen anwendbar (§§ 12 Abs. 4, 23 Abs. 6, 24 Abs. 4 UmwStG). **Anwendung trotz Platzierung im Zweiten Teil des UmwStG auf das gesamte UmwStG.**

Gewerbesteuerliche Besonderheiten

Gewerbesteuer im Anwendungsbereich des UmwStG
Besonderheiten finden sich für ...

Vermögensübergang auf eine Personengesellschaft oder natürliche Person sowie Formwechsel in eine Personengesellschaft
§ 18 UmwStG (*Roser* in Haase/Hofacker, UmwStG, § 18 Rz. 1 ff.)

Ergänzung

Vermögensübergang auf eine Kapitalgesellschaft
§ 19 UmwStG (*Roser* in Haase/Hofacker, UmwStG, § 19 Rz. 1 ff.)

Ermittlung des Gewerbeertrags
Anwendung für übertragenden und übernehmenden Rechtsträger
§ 18 Abs. 1 Satz 1 UmwStG
(*Roser* in Haase/Hofacker, UmwStG, § 18 Rz. 24 ff.)

Fehlbeträge und Verluste
Laufende Fehlbeträge und § 10a GewStG nicht für Überneh-merin anwendbar
§ 18 Abs. 1 Satz 1 UmwStG
(*Roser* in Haase/Hofacker, UmwStG, § 18 Rz. 24 ff.)

Besteuerung Übernahmeergebnis
Übernahmegewinn und -verlust nicht gewerbesteuerlich zu erfassen; gleiches für § 5 Abs. 2 UmwStG
§ 18 Abs. 2 UmwStG
(*Roser* in Haase/Hofacker, UmwStG, § 18 Rz. 31 ff.)

Anwendungsverweis
§§ 11 bis 15 UmwStG gelten auch für Ermittlung des Gewerbeertrags
§ 19 Abs. 1 UmwStG
(*Roser* in Haase/Hofacker, UmwStG, § 19 Rz. 6 ff.)

Missbrauchsvermeidung – Sperrfrist
Gewinn aus Veräußerung oder Aufgabe eines (Teil-)Betriebs von Personengesellschaft oder Anteil an Personengesellschaft innerhalb von fünf Jahren nach Umwandlung unterliegt GewSt.
Unabhängig davon, ob dieser auf Betriebsvermögen entfällt, das vor Umwandlung im Betrieb der übernehmenden Personengesellschaft oder der natürlichen Person vorhanden war.
§ 18 Abs. 3 UmwStG
(*Roser* in Haase/Hofacker, UmwStG, § 18 Rz. 46 ff.)

Deklaratorischer Verweis
§ 10a GewStG im Lichte des UmwStG – Untergang der Verlustvorträge für Zwecke der Gewerbesteuer
§ 19 Abs. 1 UmwStG
(*Roser* in Haase/Hofacker, UmwStG, § 19 Rz. 18 ff.)

Beachte: §§ 18 und 19 UmwStG gilt nicht für Ausgliederung gemäß § 123 Abs. 3 UmwG und andere Einbringungssachverhalte i. S. d. §§ 20 ff. UmwStG (§ 1 Abs. 1 Satz 2 UmwStG)
Anwendung auf Zweiten bis Fünften Teil des UmwStG beschränkt.

Besonderheit des § 23 Abs. 5 UmwStG
Gewerbesteuerlicher Verlustvortrag des Einbringenden kann bei übernehmender Gesellschaft nicht abgezogen werden
(*Biesold* in Haase/Hofacker, UmwStG, § 23 Rz. 120 ff.)

Besonderheit bei Sperrfristverletzungen
Keine Sonderregelung für Einbringungsgewinn I und II (EBG I und II), daher keine Gewerbesteuer – Gewerbesteuerfreiheit (I R 26/18 und I R 13/18)
§ 22 Abs. 1 Satz 1 UmwStG (*Wulff-Dohmen* in Haase/Hofacker, UmwStG, § 22 Rz. 10)

Der Teilbetrieb – Überblick

Teilbetrieb

Der Teilbetrieb ist DIE zentrale Definition für die Praxis, weswegen diesem vorliegend mehr Platz eingeräumt werden soll. Weitere und umfangreiche Spezifika sind daher den Ausführungen im Dritten Teil (ab S. 79 ff.) zu entnehmen, während vorliegend ein einleitender Überblick erfolgen soll. Die wesentlichen Teilbetriebsmerkmale stellen sich wie folgt dar…

Lebensfähigkeit
Definition der ständigen Rechtsprechung (BFH-Urteil v. 19.02.2004, III R 1/03 m. w. N): ***Teil eines Gesamtbetriebs ist lebensfähig wenn von ihm seiner Struktur nach eine eigenständige betriebliche Tätigkeit ausgeübt werden kann***

Keine klare Trennung zur Selbständigkeit möglich

\+

Gewisse Selbständigkeit
Definition der ständigen Rechtsprechung (BFH-Urteil v. 14.06.2000, XI B 105/99 m. w. N.): ***Die dem Teilbetrieb gewidmeten Wirtschaftsgüter dienen in ihrer Zusammenfassung einer Betätigung, die sich im Rahmen des Gesamtunternehmens von der übrigen gewerblichen Tätigkeit deutlich abhebt***

\+

Organische Geschlossenheit
Organisch geschlossener Teil des Gesamtbetriebs ist bei räumlicher Trennung von anderen Betriebseinheiten des Gesamtunternehmens und gleichzeitig fehlender personeller und sachlicher Verbindung zwischen den einzelnen Betriebseinheiten gegeben

\+

Originär gewerbliche Tätigkeit
Teilbetrieb muss alle Merkmale eines Gewerbebetriebs haben, d. h. die aus dem Teilbetrieb stammenden Einkünfte müssen unabhängig von ihrem Verhältnis zum Hauptbetrieb gewerbliche Einkünfte sein

Wesentliche Betriebsgrundlagen – nach funktionaler Betrachtungsweise – müssen dem Teilbetrieb zugeordnet werden und mit diesem Gegenstand der Übertragung sein (siehe S. 78 ff.)

Voraussetzungen müssen nach kritisierter Auffassung der Finanzverwaltung spätestens zum steuerlichen Übertragungsstichtag vorliegen (BMF v. 11.11.2011, BStBl. I 2011, 1314, Rz. 15.03 und 20.06)

Beachte: Durch die Fusionsrichtlinie hat der Teilbetrieb eine europäische Verankerung erhalten. Es ist insoweit vom europäischen Teilbetriebsbegriff die Rede: ***Die Gesamtheit der in einem Unternehmensteil einer Gesellschaft vorhandenen aktiven und passiven Wirtschaftsgüter, die in organisatorischer Hinsicht einen selbständigen Betrieb (…) darstellen*** (Art. 2 Buchstabe j) Fusionsrichtlinie) (siehe S. 92)

Beachte: Der Teilbetrieb bzw. dessen Erfordernis durchzieht das gesamte UmwStG. Er ist §§ 15, 20 und 24 UmwStG zu entnehmen und kann darüber hinaus auch anderen Gesetzen wie bspw. §§ 6 Abs. 3 oder 16 Abs. 1 EStG entnommen werden (siehe S. 92)

Gründe für Umwandlungen

Die Erwägungsgründe für Umwandlungen können vielfältiger Natur sein und sind auch von den jeweiligen rechtlichen und wirtschaftlichen Verhältnissen der Unternehmen und ihrer Beteiligten abhängig. Nachfolgend sollen einige Aspekte dargestellt werden, welche in der Praxis häufig auftreten und als Beweggründe zur Umwandlung angeführt werden

Umwandlungs-grund	Bedeutung bzw. Implikationen
Steuerliche Beweggründe	Steuerbelastung der Unternehmen in ihrer jeweiligen Rechtsform (Personengesellschaft bzw. Kapitalgesellschaft) und aufgrund der Tatsache, dass eine rechtsformneutrale Ertragsbesteuerung durch § 1a KStG gerade erst ermöglicht wird, wird Umwandlung steuergestaltend zur Schaffung möglichst günstiger laufender Besteuerung eingesetzt (Nutzung Verlustvorträge, Erhöhung von Abschreibungspotenzial, Schaffung Voraus-setzungen einer Organschaft, etc.)
Angewachsene Größe des Unternehmens	Dient der Verschlankung und Reorganisation der Unternehmensstruktur, um bspw. das Unternehmen strategisch sinnvoller zu führen oder auch Mitspracherechte der Beleg-schaft zu unterbinden
Gestiegener Kapitalbedarf	Aufnahme von Geschäfts-oder Kooperationspartnern, um das eigene Geschäft und den gestiegenen Kapitalbedarf zu bedienen, Innovationskraft steigern
Outsourcing	Bestimmte Unternehmens- bzw. Konzernteile auslagern, um diese anderweitig „zu verwenden“ oder auch zu verkaufen, etc.
Vorbereitung der Nachfolge-planung	Schaffung einer erbschaftsteuerlich günstigen für die Übertragung des Vermögens in die nächste Generation geeigneten Struktur; Nutzung der Betriebsvermögensbegünstigungen
Änderung der Führung des Unternehmens	Zusammenfassung oder Auseinandertrennung bestimmter Unternehmensteile, um diese personell oder organisatorisch einfacher und wirtschaftlicher zu steuern und zu führen
Anpassung der Haftung der Beteiligten	Aufnahme oder Entfernung beschränkt oder unbeschränkt haftender Gesellschafter in die Unternehmensstruktur
Ausnutzung von Synergieeffekten	Wirtschaftliche oder steuerliche Synergieeffekte bspw. auch Produktionsanlagen aber auch der Nutzung steuerlicher Rahmenbedingungen (Abschreibungen, Verluste, Organschaft, etc.)
Veränderungen der Standort-bedingungen	Änderung der politischen oder wirtschaftlichen Gegebenheiten an bestimmten Stand-orten wie bspw. der Steuersätze oder auch der Personalstruktur bzw. des Abnehmer-kreises
Börsengang	Vorbereitung des IPOs eines Unternehmens oder einer Unternehmensgruppe, Schaffung einer kapitalmarktfreundlichen Struktur

2. Umwandlungs-vorgänge nach dem UmwStG

Vermögensübertragung: Grundlagen

Wege der Vermögensübertragung

Vollübertragung: Übergang des gesamten Vermögens eines Rechtsträgers im Wege der Gesamtrechtsnachfolge unter Auflösung und ohne Abwicklung auf einen anderen Rechtsträger (§ 174 Abs. 1 UmwG), wobei dem Anteilseigner des übertragenden Rechtsträgers keine Beteiligung an dem übernehmenden Rechtsträger, sondern eine andere Gegenleistung gewährt wird

Teilübertragung: Übertragung nur eines Teils des Vermögens oder mehrerer bzw. aller Vermögensteile (im Gesamten) eines Rechtsträgers auf einen bereits bestehenden Rechtsträger (§ 174 Abs. 2 UmwG) unter vorheriger Spaltung des Vermögens

Bei Verschmelzung einer Kapitalgesellschaft auf eine Personengesellschaft

Vermögen geht im Wege der Verschmelzung von einer Kapitalgesellschaft auf eine Personengesellschaft über

Bei Verschmelzung einer Kapitalgesellschaft auf eine natürliche Person

Vermögen geht im Wege der Verschmelzung von einer Kapitalgesellschaft auf eine natürliche Person über

→ **Zweiter Teil des UmwStG §§ 3–8 UmwStG**

→ (siehe S. 33 ff. und *Steierberg* in Haase/Hofacker, UmwStG, § 3 Rz. 1 ff.)

Bei Verschmelzung oder Vollübertragung einer Kapitalgesellschaft auf eine Kapitalgesellschaft

Vermögen geht im Wege der Verschmelzung von einer Kapitalgesellschaft auf eine Kapitalgesellschaft über

→ **Dritter Teil des UmwStG §§ 11 bis 13 UmwStG**

→ (siehe S. 41 ff. und *Sonntag/Ropohl* in Haase/Hofacker, UmwStG, § 11 Rz. 1 ff.)

Bei Teilübertragung einer Kapitalgesellschaft auf eine Kapitalgesellschaft

(Teil-)Vermögen geht im Wege der Auf- oder Abspaltung von einer Kapitalgesellschaft auf eine Kapitalgesellschaft über

→ **Vierter Teil des UmwStG § 15 UmwStG**

→ (siehe S. 45 ff. und *Luce/Claß* in Haase/Hofacker, UmwStG, § 15 Rz. 1 ff.)

Beachte: Der umwandlungssteuerliche Anwendungsbereich der Vermögensübertragung ergibt sich aus § 1 Abs. 1 Satz 1 Nr. 1 und 4 UmwStG und rekurriert auf das UmwG (siehe S. 4)

Vermögensübertragung bei Verschmelzung einer Kapitalgesellschaft auf eine Personengesellschaft – Allgemein

Verschmelzung einer Kapitalgesellschaft auf eine Personengesellschaft durch…

Aufnahme
Der übernehmende Rechtsträger existiert bereits und wird nicht erst im Verschmelzungsprozess gegründet

Neugründung
Der übernehmende Rechtsträger wird erst neu gegründet und sodann wird das Vermögen der übertragenden Gesellschaft auf die neue Gesellschaft übertragen

Ebene des übertragenden Rechtsträgers – § 3 UmwStG (siehe S. 34)
Regelt die Wertansätze in der steuerlichen Schlussbilanz der Kapitalgesellschaft als übertragenden Rechtsträger – Differenzierung zwischen Grundsatz des Ansatzes des gemeinen Wertes und Antragswahlrecht des Buch-und Zwischenwertansatzes

Ebene des übernehmenden Rechtsträgers – § 4 UmwStG (siehe S. 35)
Regelt die Auswirkungen auf den Gewinn der Personengesellschaft als übernehmenden Rechtsträger – Darlegung der Wertverknüpfung und der Folgen hinsichtlich Rechtsstellung aber auch Gewinn und Verlust aus der Übertragung

Ebene der Anteilseigner des übertragenden Rechtsträgers – § 5 UmwStG (siehe S. 36)
Regelt die Auswirkungen, wenn die übernehmende Gesellschaft Anteile an der übertragenden Gesellschaft anschafft und wie mit den bereits bei von der übernehmenden Gesellschaft gehaltenen Anteile (Privatvermögen oder Betriebsvermögen) zu verfahren ist

Beachte: Gilt in Beachtung der Voraussetzungen für den gesamten Vorgang der Verschmelzung

Konfusion von Forderungen und Verbindlichkeiten – § 6 UmwStG
Zusammentreffen von Forderung und korrespondierender Verbindlichkeit bei übernehmender Gesellschaft und Behandlung des Gewinns daraus (siehe S. 26 und *Behrendt* in Haase/Hofacker, UmwStG, § 6 Rz. 1 ff.)

Besteuerung offener Einlagen – § 7 UmwStG
Besteuerung der Umwandlung nach dem Gedanken der fiktiven Totalausschüttung des übertragenden Rechtsträgers (*Haase* in Haase/Hofacker, UmwStG, § 7 Rz. 1 ff.)

Besonderheiten sofern kein Betriebsvermögen entsteht – § 8 UmwStG
Regelt die Fälle, in denen der übernehmende Rechtsträger nur vermögensverwaltend tätig ist (*Geils* in Haase/Hofacker, UmwStG, § 8 Rz. 1 ff.)

Vermögensübertragung bei Verschmelzung einer Kapitalgesellschaft auf eine Personengesellschaft – Übertragender Rechtsträger

Übertragende Körperschaft – § 3 UmwStG
Kapitalgesellschaft, die in der Personengesellschaft aufgeht
(*Steierberg* in Haase/Hofacker, UmwStG, § 3 Rz. 5 ff.)

↓

Übergehende Wirtschaftsgüter
(*Steierberg* in Haase/Hofacker, UmwStG, § 3 Rz. 32 ff.)

↓

Aktiva | **Passiva** | **Unentgeltlich erworbene immaterielle Wirtschaftsgüter** | **Selbst geschaffene immaterielle Wirtschaftsgüter**

↓

Grundsatz
Ansatz des gemeinen Wertes in der Schlussbilanz der übertragenden Körperschaft – § 3 Abs. 1 UmwStG
„Gewinnrealisierung“ (*Steierberg* in Haase/Hofacker, UmwStG, § 3 Rz. 35 ff.)

Beachte: Pensionsrückstellungen – Es gilt § 6a EStG (*Steierberg* in Haase/Hofacker, UmwStG, § 3 Rz. 33)

↓

Antragswahlrecht (*Steierberg* in Haase/Hofacker, UmwStG, § 3 Rz. 43 ff.):
Buchwertfortführung – § 3 Abs. 2 UmwStG, wenn…

- Wirtschaftsgüter werden Betriebsvermögen der übernehmenden Personengesellschaft (Abs. 2 Satz 1 Nr. 1 HS 1); (*Steierberg* in Haase/Hofacker, UmwStG, § 3 Rz. 52 ff.)
- \+ Besteuerung mit ESt oder KSt ist sichergestellt (Abs. 2 Satz 1 Nr. 1 HS 2); (*Steierberg* in Haase/Hofacker, UmwStG, § 3 Rz. 58 ff.)
- \+ Deutsches Gewinnbesteuerungsrecht bei Gesellschaftern der Personengesellschaft gegeben (Abs. 2 Satz 1 Nr. 2); (*Steierberg* in Haase/Hofacker, UmwStG, § 3 Rz. 61 ff.)
- \+ Keine Gegenleistung oder lediglich Gesellschaftsrechte (Abs. 2 Satz 1 Nr. 3); (*Steierberg* in Haase/Hofacker, UmwStG, § 3 Rz. 64 ff.)
- \+ Antrag spätestens mit Abgabe der steuerlichen Schlussbilanz bei FA der übertragenden Körperschaft gestellt (Abs. 2 Satz 2); (*Steierberg* in Haase/Hofacker, UmwStG, § 3 Rz. 67 ff.)

↓

dann:
Ansatz des Buchwerts oder eines unter dem gemeinen Werts liegenden Zwischenwerts (*Steierberg* in Haase/Hofacker, UmwStG, § 3 Rz. 43 ff.)

… ansonsten:
Anwendung des Grundsatzes mit Ansatz des gemeinen Wertes (*Steierberg* in Haase/Hofacker, UmwStG, § 3 Rz. 35 ff.)

Beachte: Unterhalten einer Anrechnungsbetriebsstätte der übertragenden Gesellschaft in EU-Mitgliedstaat – Art. 10 Fusionsrichtlinie i. V. m. § 26 KStG:
Anrechnung einer fiktiven Steuer aus der Veräußerung der Betriebsstätte; § 3 Abs. 3 UmwStG
(*Steierberg* in Haase/Hofacker, UmwStG, § 3 Rz. 84 ff.)

Vermögensübertragung bei Verschmelzung einer Kapitalgesellschaft auf eine Personengesellschaft – Übernehmender Rechtsträger

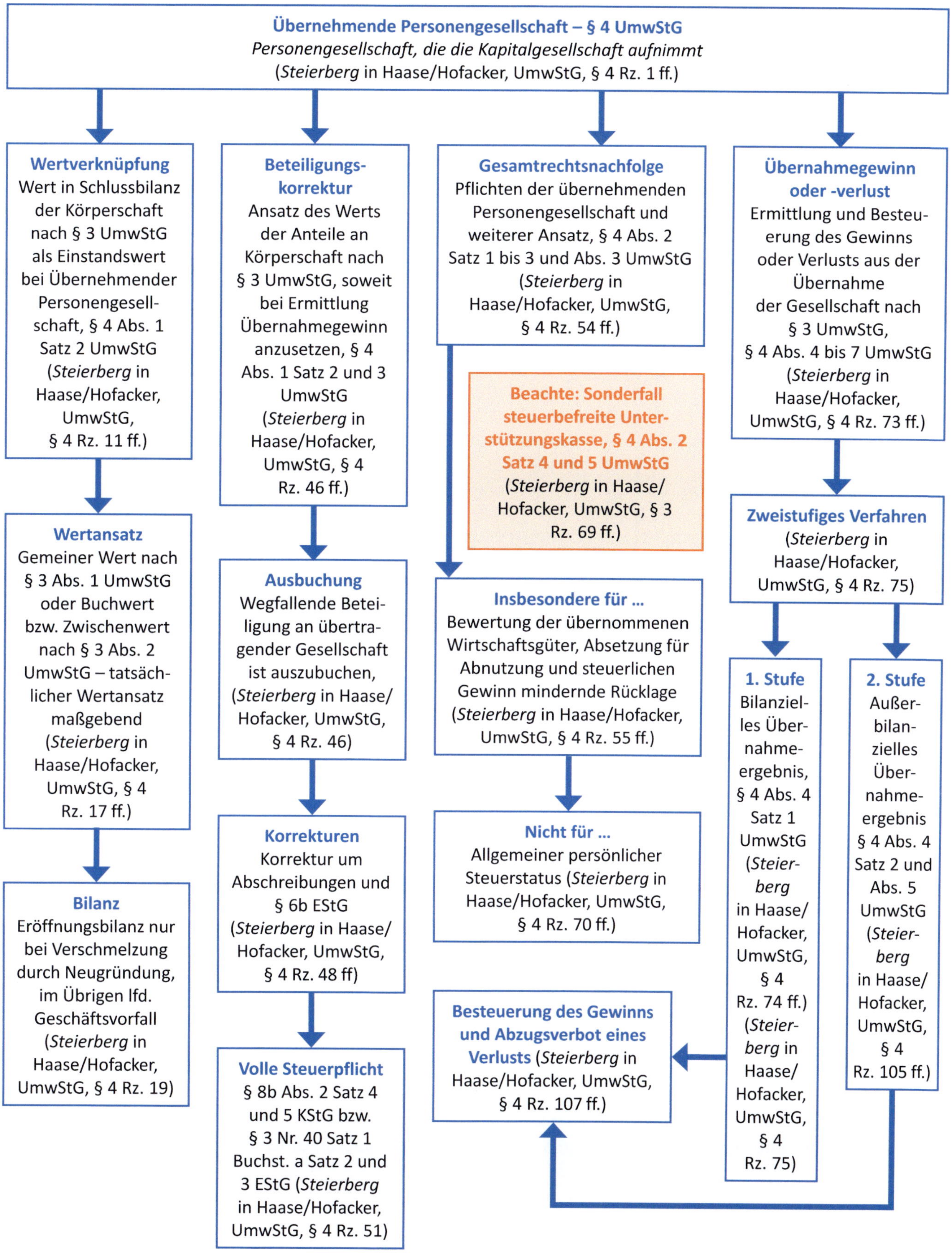

Vermögensübertragung bei Verschmelzung einer Kapitalgesellschaft auf eine Personengesellschaft – Ebene der Anteilseigner

Anteilseigner – § 5 UmwStG
Personen, die an der übertragenden Körperschaft beteiligt sind
(*Lüdemann* in Haase/Hofacker, UmwStG, § 5 Rz. 1 ff.)

Rückbeziehungsfiktion
Anteile, die die übernehmende Personengesellschaft erst nach Übertragungsstichtag anschafft oder auf die sie nach dem Übertragungsstichtag Anschaffungskosten in Form von Abfindungen aufwendet, gelten für Zwecke der Ermittlung des Übernahmegewinns als bereits am Übertragungsstichtag angeschafft, Abs. 1 (*Lüdemann* in Haase/Hofacker, UmwStG, § 5 Rz. 13 ff.)

Nachträgliche Anschaffung der übernehmenden Personengesellschaft, § 5 Abs. 1 1. Alt. UmwStG (*Lüdemann* in Haase/Hofacker, UmwStG, § 5 Rz. 13 ff.)

Abfindung ausscheidender Gesellschafter der übertragenden Kapitalgesellschaft, § 5 Abs. 1 2. Alt. UmwStG (*Lüdemann* in Haase/Hofacker, UmwStG, § 5 Rz. 19 ff.)

Gilt, sofern Gesellschafter an übernehmender Gesellschaft noch nicht beteiligt ist

Einlagefiktion bei Privatvermögen
Anteile i. S. d. § 17 EStG, die am Übertragungsstichtag zum **Privatvermögen** gehören, gelten für Zwecke der Ermittlung des Übernahmeergebnisses in das Betriebsvermögen der übernehmenden Personengesellschaft eingelegt; die Einlage gilt als zum Übertragungsstichtag mit den Anschaffungskosten bewirkt, Abs. 2 (*Lüdemann* in Haase/Hofacker, UmwStG, § 5 Rz. 25 ff.)

Ermittlung des Übernahmegewinns aus fiktiver Einlagen
nach § 4 Abs. 4 ff. UmwStG, sofern Anteile an übertragender Gesellschaft vorher Privatvermögen (*Lüdemann* in Haase/Hofacker, UmwStG, § 5 Rz. 33 ff.)

Überführungsfiktion bei Betriebsvermögen
Es gelten auch die zu einem **Betriebsvermögen** des Gesellschafters der übernehmenden Personengesellschaft gehörenden Anteile für Zwecke der Ermittlung des Übernahmeergebnisses als zum Übertragungsstichtag mit dem Buchwert in das Betriebsvermögen der übernehmenden Personengesellschaft überführt, Abs. 3 (*Lüdemann* in Haase/Hofacker, UmwStG, § 5 Rz. 36 ff.)

Ermittlung des Übernahmegewinns aus Überführung
nach § 4 Abs. 4 ff. UmwStG, sofern Anteile an übertragender Gesellschaft vorher Betriebsvermögen; (*Lüdemann* in Haase/Hofacker, UmwStG, § 5 Rz. 41 ff.)

Einschränkung
Gesellschafter muss Mitunternehmer der übernehmenden Personengesellschaft sein oder durch Umwandlung zum Mitunternehmer werden (*Lüdemann* in Haase/Hofacker, UmwStG, § 5 Rz. 25 ff.)

Gilt, sofern Gesellschafter an übernehmender Gesellschaft bereits beteiligt ist

Besteuerung offener Einlagen – § 7 UmwStG
Besteuerung der Umwandlung nach dem Gedanken der fiktiven Totalausschüttung des übertragenden Rechtsträgers (*Haase* in Haase/Hofacker, UmwStG, § 7 Rz. 1 ff.)

Beachte: Gilt auch, wenn Vermögensübergang nicht in ein Betriebsvermögen erfolgt, § 8 Abs. 1 Satz 2 UmwStG (*Geils* in Haase/Hofacker, UmwStG, § 8 Rz. 1 ff.)

Vermögensübertragung bei Verschmelzung einer Kapitalgesellschaft auf eine natürliche Person – Allgemein

Verschmelzung einer Kapitalgesellschaft auf eine natürliche Person (Privatvermögen oder Betriebsvermögen) durch...

Aufnahme
Die natürliche Person besitzt bereits ein Privatvermögen oder Betriebsvermögen, in welches das Vermögen des übertragenden Rechtsträgers übergeht

Neugründung
Die natürliche Person begründet erst durch den Verschmelzungsvorgang ein Betriebsvermögen, in welches das Vermögen des übertragenden Rechtsträgers übergeht

Ebene des übertragenden Rechtsträgers – § 3 UmwStG (siehe S. 38)
Regelt die Wertansätze in der steuerlichen Schlussbilanz der Kapitalgesellschaft als übertragenden Rechtsträger – Differenzierung zwischen Grundsatz des Ansatzes des gemeinen Wertes und Antragswahlrecht des Buch-und Zwischenwertansatzes

Ebene des übernehmenden Rechtsträgers – § 4 UmwStG (siehe S. 39)
Regelt die Auswirkungen auf den Gewinn der natürlichen Person als übernehmenden Rechtsträger – Darlegung der Wertverknüpfung und der Folgen hinsichtlich Rechtsstellung aber auch Gewinn-und Verlust aus der Übertragung

Ebene der Anteilseigner des übertragenden Rechtsträgers – § 5 UmwStG (siehe S. 40)
Regelt die Auswirkungen, wenn die natürliche Person Anteile an der übertragenden Gesellschaft anschafft und wie mit den bereits bei von der natürlichen Person gehaltenen Anteile (Privatvermögen oder Betriebsvermögen) zu verfahren ist

Beachte: Gilt in Beachtung der Voraussetzungen für den gesamten Vorgang der Verschmelzung

Konfusion von Forderungen und Verbindlichkeiten – § 6 UmwStG
Zusammentreffen von Forderung und korrespondierender Verbindlichkeit bei der natürlichen Person als übernehmenden Rechtsträger und Behandlung des Gewinns daraus (siehe S. 26 und *Behrendt* in Haase/Hofacker, UmwStG, § 6 Rz. 1)

Besteuerung offener Einlagen – § 7 UmwStG
Besteuerung der Umwandlung nach dem Gedanken der fiktiven Totalausschüttung des übertragenden Rechtsträgers (*Haase* in Haase/Hofacker, UmwStG, § 7 Rz. 1)

Besonderheiten sofern kein Betriebsvermögen entsteht – § 8 UmwStG
Regelt die Fälle, in denen das übertragende Vermögen in das Privatvermögen einer natürlichen Person übergeht (*Geils* in Haase/Hofacker, UmwStG, § 8 Rz. 1)

Vermögensübertragung bei Verschmelzung einer Kapitalgesellschaft auf eine natürliche Person – Übertragender Rechtsträger

Übertragende Körperschaft – § 3 UmwStG
Kapitalgesellschaft, deren Vermögen auf natürliche Person übergeht
(*Steierberg* in Haase/Hofacker, UmwStG, § 3 Rz. 5 ff.)

Übergehende Wirtschaftsgüter
(*Steierberg* in Haase/Hofacker, UmwStG, § 3 Rz. 32 ff.)

Aktiva

Passiva

Unentgeltlich erworbene immaterielle Wirtschaftsgüter

Selbst geschaffene immaterielle Wirtschaftsgüter

Grundsatz
Ansatz des gemeinen Wertes in der Schlussbilanz der übertragenden Körperschaft – § 3 Abs. 1 UmwStG
„Gewinnrealisierung" (*Steierberg* in Haase/Hofacker, UmwStG, § 3 Rz. 35 ff.)

Beachte: Pensionsrückstellungen – Es gilt § 6a EStG
(*Steierberg* in Haase/Hofacker, UmwStG, § 3 Rz. 33)

Antragswahlrecht (*Steierberg* in Haase/Hofacker, UmwStG, § 3 Rz. 43 ff.):
Buchwertfortführung – § 3 Abs. 2 UmwStG, wenn …

Wirtschaftsgüter werden Betriebsvermögen der übernehmenden natürlichen Person (Abs. 2 Satz 1 Nr. 1 HS 1); (*Steierberg* in Haase/Hofacker, UmwStG, § 3 Rz. 52 ff.)

\+ Besteuerung mit ESt ist sichergestellt (Abs. 2 Satz 1 Nr. 1 HS 2); (*Steierberg* in Haase/Hofacker, UmwStG, § 3 Rz. 58 ff.)

\+ Deutsches Gewinnbesteuerungsrecht bei Gesellschaftern der Personengesellschaft gegeben (Abs. 2 Satz 1 Nr. 2); (*Steierberg* in Haase/Hofacker, UmwStG, § 3 Rz. 64 ff.)

\+ Keine Gegenleistung oder lediglich Gesellschaftsrechte (Abs. 2 Satz 1 Nr. 3); (*Steierberg* in Haase/Hofacker, UmwStG, § 3 Rz. 61 ff.)

\+ Antrag spätestens mit Abgabe der steuerlichen Schlussbilanz bei FA der übertragenden Körperschaft gestellt (Abs. 2 Satz 2); (*Steierberg* in Haase/Hofacker, UmwStG, § 3 Rz. 64 ff.)

… dann:
Ansatz des Buchwerts oder eines unter dem gemeinen Werts liegenden Zwischenwerts (*Steierberg* in Haase/Hofacker, UmwStG, § 3 Rz. 43 ff.)

… ansonsten:
Anwendung des Grundsatzes mit Ansatz des gemeinen Wertes (*Steierberg* in Haase/Hofacker, UmwStG, § 3 Rz. 35 ff.)

Beachte: Unterhalten einer Anrechnungsbetriebsstätte der übertragenden Gesellschaft in EU-Mitgliedstaat – Art. 10 Fusionsrichtlinie i. V. m. § 26 KStG
Anrechnung einer fiktiven aus der Veräußerung der Betriebsstätte; § 3 Abs. 3 UmwStG
(*Steierberg* in Haase/Hofacker, UmwStG, § 3 Rz. 84 ff.)

Vermögensübertragung bei Verschmelzung einer Kapitalgesellschaft auf eine natürliche Person – Übernehmender Rechtsträger

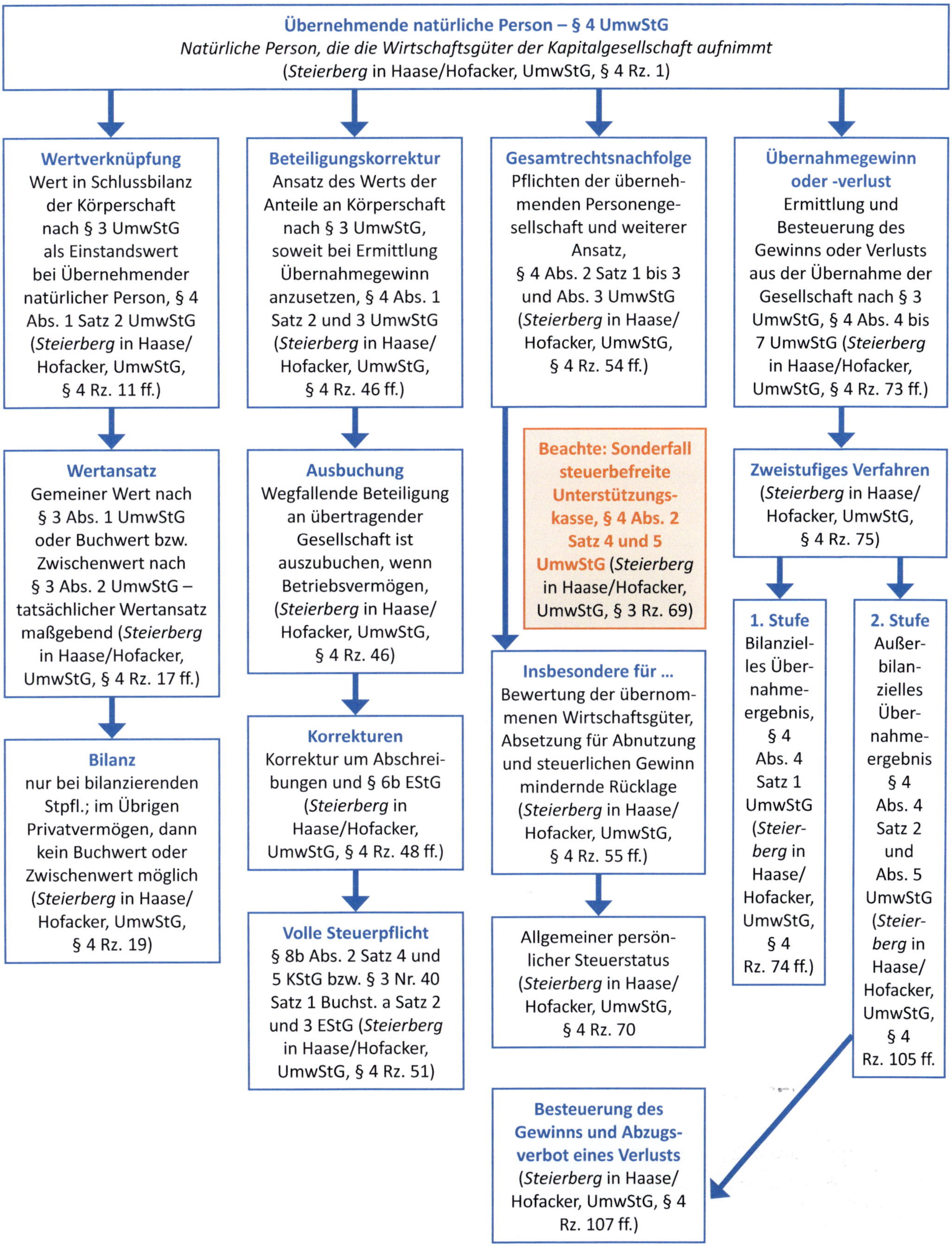

Vermögensübertragung bei Verschmelzung einer Kapitalgesellschaft auf eine natürliche Person – Ebene der Anteilseigner

Anteilseigner – § 5 UmwStG
Personen, die an der übertragenden Körperschaft beteiligt sind
(*Lüdemann* in Haase/Hofacker, UmwStG, § 5 Rz. 1 ff.)

Rückbeziehungsfiktion
Anteile, die die übernehmende Personengesellschaft erst nach Übertragungsstichtag anschafft oder auf die sie nach dem Übertragungsstichtag Anschaffungskosten in Form von Abfindungen aufwendet, gelten für Zwecke der Ermittlung des Übernahmegewinns als bereits am Übertragungsstichtag angeschafft, Abs. 1 (*Lüdemann* in Haase/Hofacker, UmwStG, § 5 Rz. 13 ff.)

- **Nachträgliche Anschaffung** der übernehmenden natürlichen Person, § 5 Abs. 1 1. Alt. UmwStG (*Lüdemann* in Haase/Hofacker, UmwStG, § 5 Rz. 13 ff.)
- **Abfindung ausscheidender Gesellschafter** der übertragenden Kapitalgesellschaft, § 5 Abs. 1 2. Alt. UmwStG (*Lüdemann* in Haase/Hofacker, UmwStG, § 5 Rz. 19 ff.)

Gilt, sofern Gesellschafter an übernehmender Gesellschaft noch nicht beteiligt ist

Einlagefiktion bei Privatvermögen
Anteile i. S. d. § 17 EStG, die am Übertragungsstichtag zum **Privatvermögen** gehören, gelten für Zwecke der Ermittlung des Übernahmeergebnisses in das Betriebsvermögen der übernehmenden Personengesellschaft eingelegt; die Einlage gilt als zum Übertragungsstichtag mit den Anschaffungskosten bewirkt, Abs. 2 (*Lüdemann* in Haase/Hofacker, UmwStG, § 5 Rz. 25 ff.)

Ermittlung des Übernahmegewinns aus fiktiven Einlagen nach § 4 Abs. 4 ff. UmwStG, sofern Anteile an übertragender Gesellschaft vorher Privatvermögen (*Lüdemann* in Haase/Hofacker, UmwStG, § 5 Rz. 33 ff.)

Überführungsfiktion bei Betriebsvermögen
Es gelten auch die zu einem **Betriebsvermögen** des Gesellschafters der übernehmenden Personengesellschaft gehörenden Anteile für Zwecke der Ermittlung des Übernahmeergebnisses als zum Übertragungsstichtag mit dem Buchwert in das Betriebsvermögen der übernehmenden Personengesellschaft überführt, Abs. 3 (*Lüdemann* in Haase/Hofacker, UmwStG, § 5 Rz. 36 ff.)

Ermittlung des Übernahmegewinns aus Überführung nach § 4 Abs. 4 ff. UmwStG, sofern Anteile an übertragender Gesellschaft vorher Betriebsvermögen; (*Lüdemann* in Haase/Hofacker, UmwStG, § 5 Rz. 41 ff.)

Einschränkung
Gesellschafter muss Mitunternehmer der übernehmenden Personengesellschaft sein oder durch Umwandlung zum Mitunternehmer werden (*Lüdemann* in Haase/Hofacker, UmwStG, § 5 Rz. 25 ff.)

Gilt, sofern Gesellschafter an übernehmender Gesellschaft bereits beteiligt ist

Beachte: Gilt auch, wenn Vermögensübergang nicht in ein Betriebsvermögen erfolgt, § 8 Abs. 1 Satz 2 UmwStG (*Geils* in Haase/Hofacker, UmwStG, § 8 Rz. 1 ff.)

Vermögensübertragung bei Verschmelzung oder Vollübertragung einer Kapitalgesellschaft auf eine Kapitalgesellschaft – Allgemein

Verschmelzung oder Vollübertragung einer Kapitalgesellschaft auf eine Kapitalgesellschaft durch…

Aufnahme
Der übernehmende Rechtsträger existiert bereits und wird nicht erst im Verschmelzungsprozess gegründet

Neugründung
Der übernehmende Rechtsträger wird erst neu gegründet und sodann wird das Vermögen der übertragenden Gesellschaft auf die neue Gesellschaft übertragen

Ebene des übertragenden Rechtsträgers – § 11 UmwStG (siehe S. 42)
Regelt die Wertansätze in der steuerlichen Schlussbilanz der Kapitalgesellschaft als übertragenden Rechtsträger – Differenzierung zwischen Grundsatz des Ansatzes des gemeinen Wertes und Antragswahlrecht des Buch-und Zwischenwertansatzes

Ebene des übernehmenden Rechtsträgers – § 12 UmwStG (siehe S. 43)
Regelt die Auswirkungen auf den Gewinn der Kapitalgesellschaft als übernehmenden Rechtsträger – Darlegung der Wertverknüpfung und der Folgen hinsichtlich Rechtsstellung aber auch Gewinn-und Verlust aus der Übertragung

Ebene der Anteilseigner des übertragenden Rechtsträgers – § 13 UmwStG (siehe S. 44)
Regelt die Auswirkungen auf die Anteile an der übertragenden Gesellschaft und an der übernehmenden Gesellschaft beim Anteilseigner der übertragenden Gesellschaft und Möglichkeit des Wertansatzes (gemeiner Wert oder Buchwertansatz)

Beachte: Konfusion von Forderungen und Verbindlichkeiten – § 6 UmwStG gilt über § 12 Abs. 4 UmwStG entsprechend
(*Herfort/Viebrock* in Haase/Hofacker, UmwStG, § 12 Rz. 201 ff.)
Zusammentreffen von Forderung und korrespondierender Verbindlichkeit bei übernehmender Gesellschaft und Behandlung des Gewinns daraus (siehe S. 26 und *Behrendt* in Haase/Hofacker, UmwStG, § 6 Rz. 1 ff.)

Beachte: Besonderheiten im Fall des Vermögensübergangs in den nicht steuerpflichtigen oder steuerbefreiten Bereich der übernehmenden Körperschaft
(*Herfort/Viebrock* in Haase/Hofacker, UmwStG, § 12 Rz. 211 ff.)
Gilt bei Vermögensübergang auf z. B. juristische Person des öffentlichen Rechts und gemeinnützige Körperschaften – in Steuerbilanz ausgewiesene Eigenkapital abzüglich Bestand des steuerlichen Einlagekontos (nach § 29 Abs. 1 KStG) gilt als Einnahme i. S. d. § 20 Abs. 1 Nr. 1 EStG – Anwendung Kapitalertragsteuer (§ 12 Abs. 5 UmwStG)

Vermögensübertragung bei Verschmelzung oder Vollübertragung einer Kapitalgesellschaft auf eine Kapitalgesellschaft – Übertragender Rechtsträger

Übertragende Körperschaft – § 11 UmwStG
Kapitalgesellschaft, die in der Personengesellschaft aufgeht
(*Sonntag/Ropohl* in Haase/Hofacker, UmwStG, § 11 Rz. 18 ff.)

Übergehende Wirtschaftsgüter
(*Sonntag/Ropohl* in Haase/Hofacker, UmwStG, § 11 Rz. 217 ff.)

Aktiva

Passiva

Unentgeltlich erworbene immaterielle Wirtschaftsgüter

Selbst geschaffene immaterielle Wirtschaftsgüter

Grundsatz
Ansatz des gemeinen Wertes in der Schlussbilanz der übertragenden Körperschaft – § 11 Abs. 1 UmwStG
„Gewinnrealisierung" (*Sonntag/Ropohl* in Haase/Hofacker, UmwStG, § 11 Rz. 55 ff.)

Beachte: Pensionsrückstellungen – Es gilt § 6a EStG
(*Sonntag/Ropohl* in Haase/Hofacker, UmwStG, § 11 Rz. 25)

Antragswahlrecht (*Sonntag/Ropohl* in Haase/Hofacker, UmwStG, § 11 Rz. 87 ff.):
Buchwertfortführung – § 11 Abs. 2 UmwStG, wenn ...

Besteuerung mit ESt oder KSt ist sichergestellt (Abs. 2 Satz 1 Nr. 1); (*Sonntag/Ropohl* in Haase/Hofacker, UmwStG, § 11 Rz. 96 ff.)

\+

Deutsches Gewinnbesteuerungsrecht bei Gesellschaftern der Personengesellschaft gegeben (Abs. 2 Satz 1 Nr. 2); (*Sonntag/Ropohl* in Haase/Hofacker, UmwStG, § 11 Rz. 115 ff.)

\+

Keine Gegenleistung oder lediglich Gesellschaftsrechte (Abs. 2 Satz 1 Nr. 3); (*Sonntag/Ropohl* in Haase/Hofacker, UmwStG, § 11 Rz. 165 ff.)

\+

Antrag spätestens mit Abgabe der steuerlichen Schlussbilanz bei FA der übertragenden Körperschaft gestellt (§ 11 Abs. 3 i. V. m § 3 Abs. 2 Satz 2); (*Sonntag/Ropohl* in Haase/Hofacker, UmwStG, § 11 Rz. 87 ff.)

... dann:
Ansatz des Buchwerts oder unter dem gemeinen Werts liegenden Zwischenwerts (*Sonntag/Ropohl* in Haase/Hofacker, UmwStG, § 11 Rz. 87 ff.)

... ansonsten:
Anwendung des Grundsatzes mit Ansatz des gemeinen Wertes (*Sonntag/Ropohl* in Haase/Hofacker, UmwStG, § 11 Rz. 55 ff.)

Ausnahme bei Buchwertansatz

Sonderregelung für **Anteile an übernehmender Körperschaft (mind. Buchwert zuzüglich Abzüge aus Vorjahren/ max. gemeiner Wert):** Etwaiger Gewinn unterliegt voller Besteuerung, § 11 Abs. 2 Satz 2 und 3 UmwStG (*Sonntag/Ropohl* in Haase/Hofacker, UmwStG, § 11 Rz. 241 ff.)

Beachte: Unterhalten einer Anrechnungsbetriebsstätte der übertragenden Gesellschaft in EU-Mitgliedstaat – Art. 10 Fusionsrichtlinie i. V. m. § 26 KStG: Anrechnung einer fiktiven Steuer aus der Veräußerung der Betriebsstätte; § 11 Abs. 3 i. V. m. § 3 Abs. 3 UmwStG (*Sonntag/Ropohl* in Haase/Hofacker, UmwStG, § 11 Rz. 8)

Vermögensübertragung bei Verschmelzung oder Vollübertragung einer Kapitalgesellschaft auf eine Kapitalgesellschaft – Übernehmender Rechtsträger

Übernehmende Kapitalgesellschaft – § 12 UmwStG
Kapitalgesellschaft, die die Kapitalgesellschaft aufnimmt
(*Herfort/Viebrock* in Haase/Hofacker, UmwStG, § 12 Rz. 1 ff.)

Wertverknüpfung
Wert in Schlussbilanz der Körperschaft nach § 11 UmwStG als Einstandswert bei übernehmender Kapitalgesellschaft, § 12 Abs. 1 Satz 1 UmwStG (*Herfort/Viebrock* in Haase/Hofacker, UmwStG, § 12 Rz. 45 ff.)

Wertansatz
Gemeiner Wert nach § 11 Abs. 1 UmwStG oder Buchwert bzw. Zwischenwert nach § 11 Abs. 2 UmwStG – tatsächlicher Wertansatz maßgebend (*Herfort/Viebrock* in Haase/Hofacker, UmwStG, § 12 Rz. 37 ff.)

Bilanz
Eröffnungsbilanz nur bei Verschmelzung durch Neugründung, im Übrigen lfd. Geschäftsvorfall (*Herfort/Viebrock* in Haase/Hofacker, UmwStG, § 12 Rz. 53 ff.)

Beteiligungskorrektur
Ansatz des Werts der Anteile an Körperschaft nach § 11 UmwStG, soweit bei Ermittlung Übernahmegewinn anzusetzen, § 12 Abs. 1 Satz 2 i. V. m. § 4 Abs. 1 Satz 2 und 3 UmwStG (*Herfort/Viebrock* in Haase/Hofacker, UmwStG, § 12 Rz. 60 ff.)

Ausbuchung
Wegfallende Beteiligung an übertragender Gesellschaft ist auszubuchen, (*Herfort/Viebrock* in Haase/Hofacker, UmwStG, § 12 Rz. 76 ff.)

Korrekturen
Korrektur um Abschreibungen und § 6b EStG (*Herfort/Viebrock* in Haase/Hofacker, UmwStG, § 12 Rz. 76 ff.)

Volle Steuerpflicht
§ 8b Abs. 2 Satz 4 und 5 KStG bzw. § 3 Nr. 40 Satz 1 Buchst. a Satz 2 und 3 EStG (*Herfort/Viebrock* in Haase/Hofacker, UmwStG, § 12 Rz. 76)

Übernahmegewinn oder -verlust
Ermittlung und Besteuerung des Gewinns oder Verlusts aus der Übernahme der Gesellschaft nach § 12 Abs. 2 Satz 1 und 2 UmwStG (*Herfort/Viebrock* in Haase/Hofacker, UmwStG, § 12 Rz. 80 ff.)

Abzug der Kosten des Vermögensübergangs
(*Herfort/Viebrock* in Haase/Hofacker, UmwStG, § 12 Rz. 90 ff.)

Außeransatzbleiben
Nach § 12 Abs. 2 Satz 1 UmwStG (*Herfort/Viebrock* in Haase/Hofacker, UmwStG, § 12 Rz. 106)

§ 8b KStG
Nach § 12 Abs. 2 Satz 2 UmwStG, findet § 8b KStG in quotaler Höhe der Beteiligung Anwendung (*Herfort/Viebrock* in Haase/Hofacker, UmwStG, § 12 Rz. 107 ff.)

Gesamtrechtsnachfolge
Pflichten der übernehmenden Kapitalgesellschaft und weiterer Ansatz, § 12 Abs. 3 i. V. m. § 4 Abs. 2 und 3 UmwStG (*Herfort/Viebrock* in Haase/Hofacker, UmwStG, § 12 Rz. 133 ff.)

Insbesondere für...
Bewertung der übernommenen Wirtschaftsgüter, Absetzung für Abnutzung und steuerlichen Gewinn mindernde Rücklage (*Herfort/Viebrock* in Haase/Hofacker, UmwStG, § 12 Rz. 137 ff.)

Nicht für ...
Allgemeiner persönlicher Steuerstatus (*Herfort/Viebrock* in Haase/Hofacker, UmwStG, § 12 Rz. 133 ff.)

Beachte: Zu den Besonderheiten des § 12 Abs. 4 und 5 UmwStG siehe S. 41 und *Herfort/Viebrock* in Haase/Hofacker, UmwStG, § 12 Rz. 201 ff.)

Beachte: § 5 Abs. 1 UmwStG (siehe S. 36) **gilt entsprechend mit Folge der Erhöhung des Buchwerts der Anteile nach § 12 Abs. 2 UmwStG** (*Herfort/Viebrock* in Haase/Hofacker, UmwStG, § 12 Rz. 80 ff.)

Vermögensübertragung bei Verschmelzung oder Vollübertragung einer Kapitalgesellschaft auf eine Kapitalgesellschaft – Ebene der Anteilseigner

Anteilseigner der übertragenden Kapitalgesellschaft – § 13 UmwStG
Gesellschafter der Kapitalgesellschaft, die die übertragende Kapitalgesellschaft übernimmt
(*Hagemann/Stürcken* in Haase/Hofacker, UmwStG, § 13 Rz. 1 ff.)

Grundsatz
Anteile an übertragender Gesellschaft zum gemeinen Wert verkauft und Anteile an übernehmender Gesellschaft zum gemeinen Wert angeschafft – § 13 Abs. 1 UmwStG – *„Gewinnrealisierung"* (*Hagemann/Stürcken* in Haase/Hofacker, UmwStG, § 13 Rz. 22 ff.)

Antragswahlrecht (*Hagemann/Stürcken* in Haase/Hofacker, UmwStG, § 13 Rz. 30 ff.): Buchwert für Anteile an übertragender Gesellschaft als Einstandswert für Anteile an übernehmender Gesellschaft – § 13 Abs. 2 Satz 1 UmwStG – wenn ...

Antrag nicht fristgebunden und daher bis zur Bestandskraft der Veranlagung der betroffenen Anteilseigener möglich sowie von Wertansatz nach § 11 Abs. 2 UmwStG unabhängig (*Hagemann/Stürcken* in Haase/Hofacker, UmwStG, § 13 Rz. 32 ff.)

Besteuerungsrecht Deutschlands für erhaltene neue Anteile an übernehmender Gesellschaft nicht ausgeschlossen oder beschränkt wird (*Hagemann/Stürcken* in Haase/Hofacker, UmwStG, § 13 Rz. 33 ff.)

Art. 8 Abs. 1 Fusionsrichtlinie Anwendung findet (*Hagemann/Stürcken* in Haase/Hofacker, UmwStG, § 13 Rz. 36 ff.) – **Voraussetzung:**

Zuteilung von Anteilen am Gesellschaftskapital der übernehmenden Gesellschaft an Gesellschafter darf aufgrund der Verschmelzung für sich allein keine Besteuerung des Veräußerungsgewinns dieses Gesellschafters auslösen – Art. 8 Abs. 1 Fusionsrichtlinie (*Hagemann/Stürcken* in Haase/Hofacker, UmwStG, § 13 Rz. 36 ff.)

... dann:
Ansatz des Buchwerts, jedoch kein Zwischenwertansatz (*Hagemann/Stürcken* in Haase/Hofacker, UmwStG, § 13 Rz. 32 ff.)

... soweit nicht erfüllt:
Anwendung des Grundsatzes mit Ansatz des gemeinen Wertes (*Hagemann/Stürcken* in Haase/Hofacker, UmwStG, § 13 Rz. 22 ff.)

Anteile an übernehmender Gesellschaft treten an Stelle der Anteile an übertragender Körperschaft – Steuerliche Merkmale der Anteile an Übertragerin springen auf an ihre Stelle tretende Anteile an Übernehmerin über – „Fußstapfentheorie" § 13 Abs. 2 Satz 2 UmwStG (*Hagemann/Stürcken* in Haase/Hofacker, UmwStG, § 13 Rz. 40 ff.)

Beachte: § 13 Abs. 2 Satz 3 UmwStG
Anteile gemäß § 17 oder § 23 EStG (sowie Altfälle des § 21 UmwStG a. F.) sind statt Buchwert mit Anschaffungskosten anzusetzen (*Hagemann/Stürcken* in Haase/Hofacker, UmwStG, § 13 Rz. 45)

Spaltung – Grundlagen

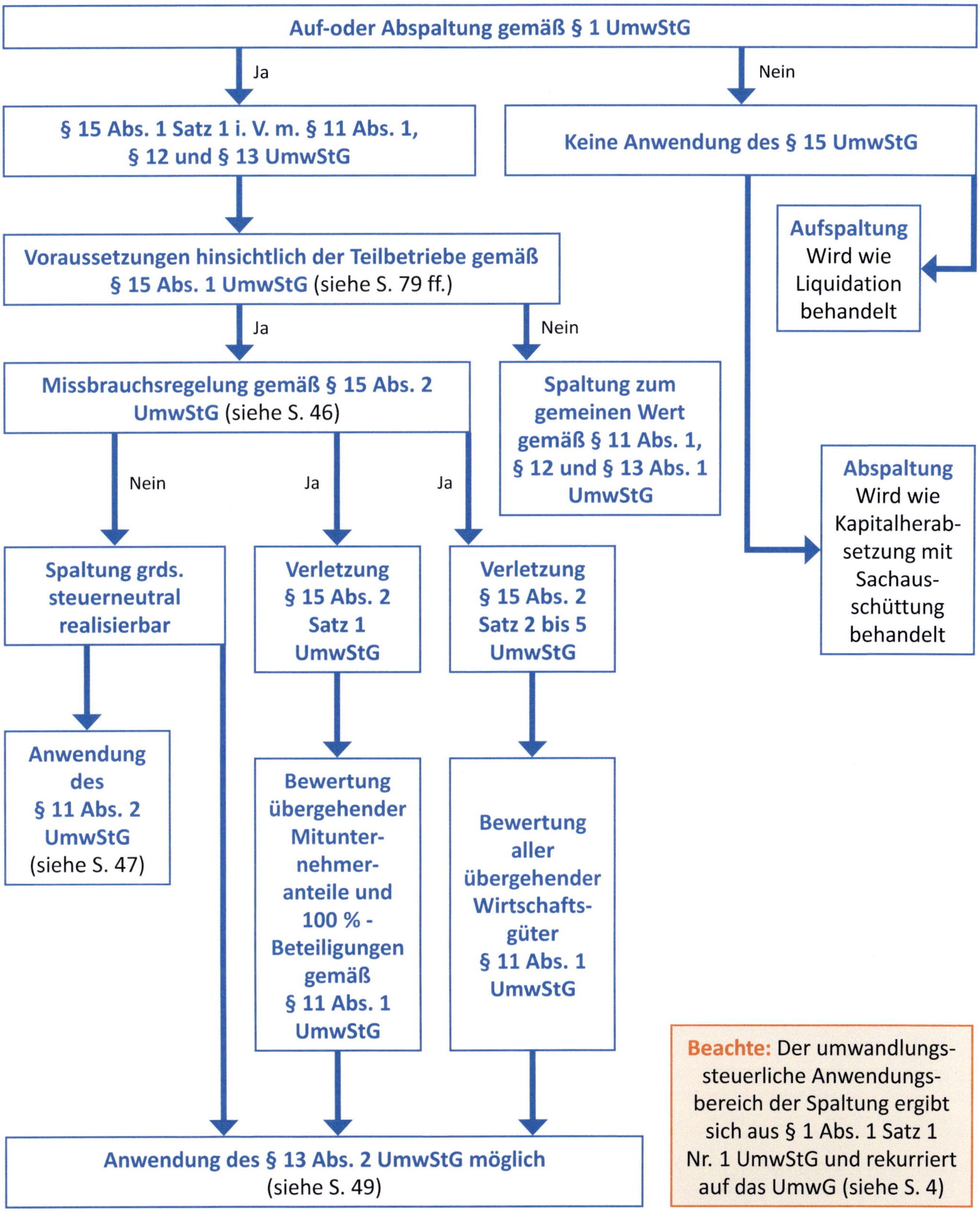

Beachte: Der umwandlungssteuerliche Anwendungsbereich der Spaltung ergibt sich aus § 1 Abs. 1 Satz 1 Nr. 1 UmwStG und rekurriert auf das UmwG (siehe S. 4)

Aufspaltung, Abspaltung, Teilübertragung auf Kapitalgesellschaft – Allgemein

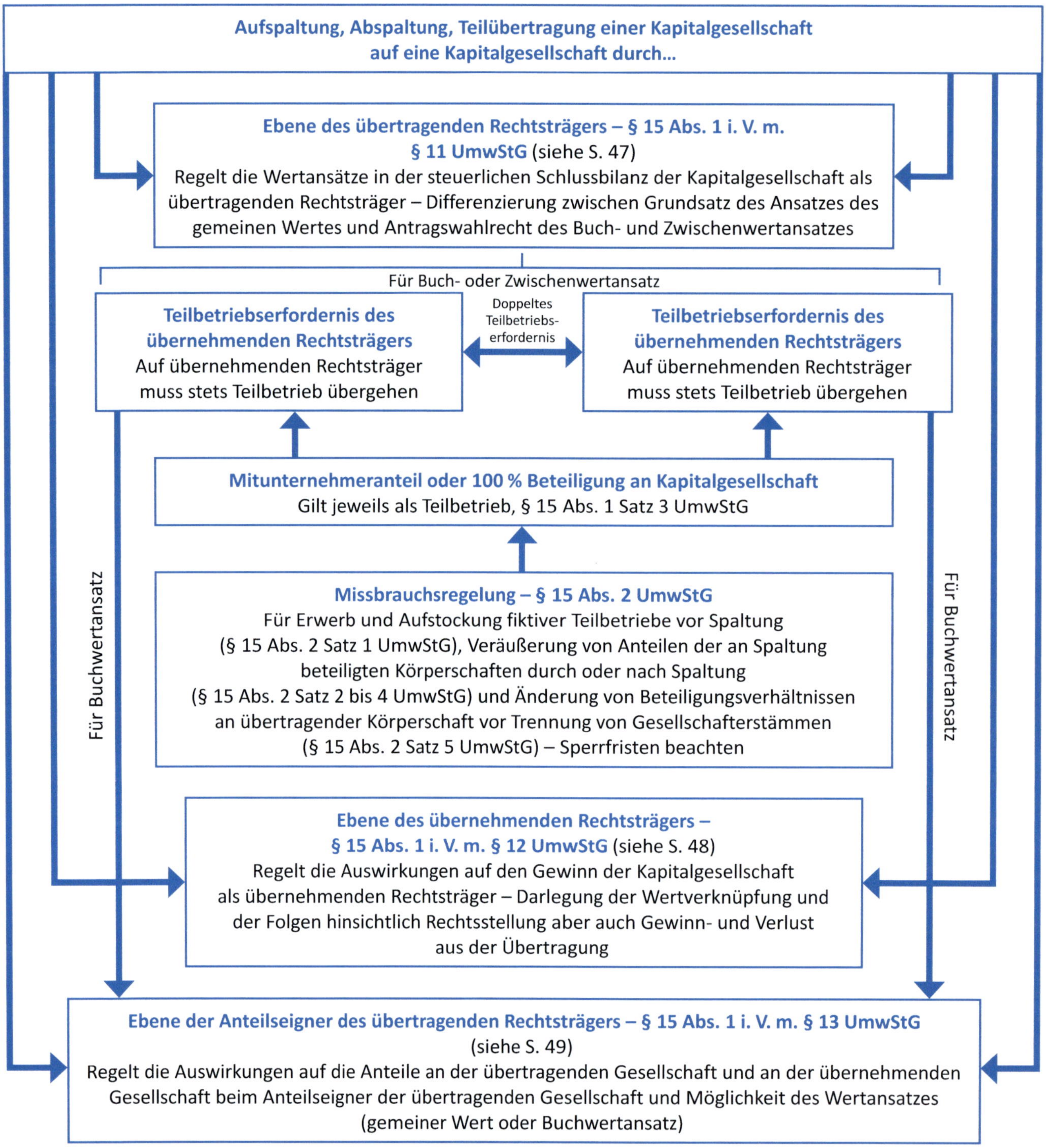

Beachte: Wegfall Verlustvortrag übertragender Rechtsträger
§ 15 Abs. 3 UmwStG
(*Luce/Claß* in Haase/Hofacker, UmwStG, § 15 Rz. 1 ff.)

Beachte: Konfusion von Forderungen und Verbindlichkeiten – § 6 UmwStG gilt über § 12 Abs. 4 UmwStG entsprechend
(*Herfort/Viebrock* in Haase/Hofacker, UmwStG, § 12 Rz. 1 ff. und *Behrendt* in Haase/Hofacker, UmwStG, § 6 Rz. 1 ff.sowie S. 26)

Beachte: Besonderheiten im Fall des Vermögensübergangs in den nicht steuerpflichtigen oder steuerbefreiten Bereich der übernehmenden Körperschaft
(*Herfort/Viebrock* in Haase/Hofacker, UmwStG, § 12 Rz. 1 ff.)

Aufspaltung, Abspaltung, Teilübertragung auf Kapitalgesellschaft – Übertragender Rechtsträger

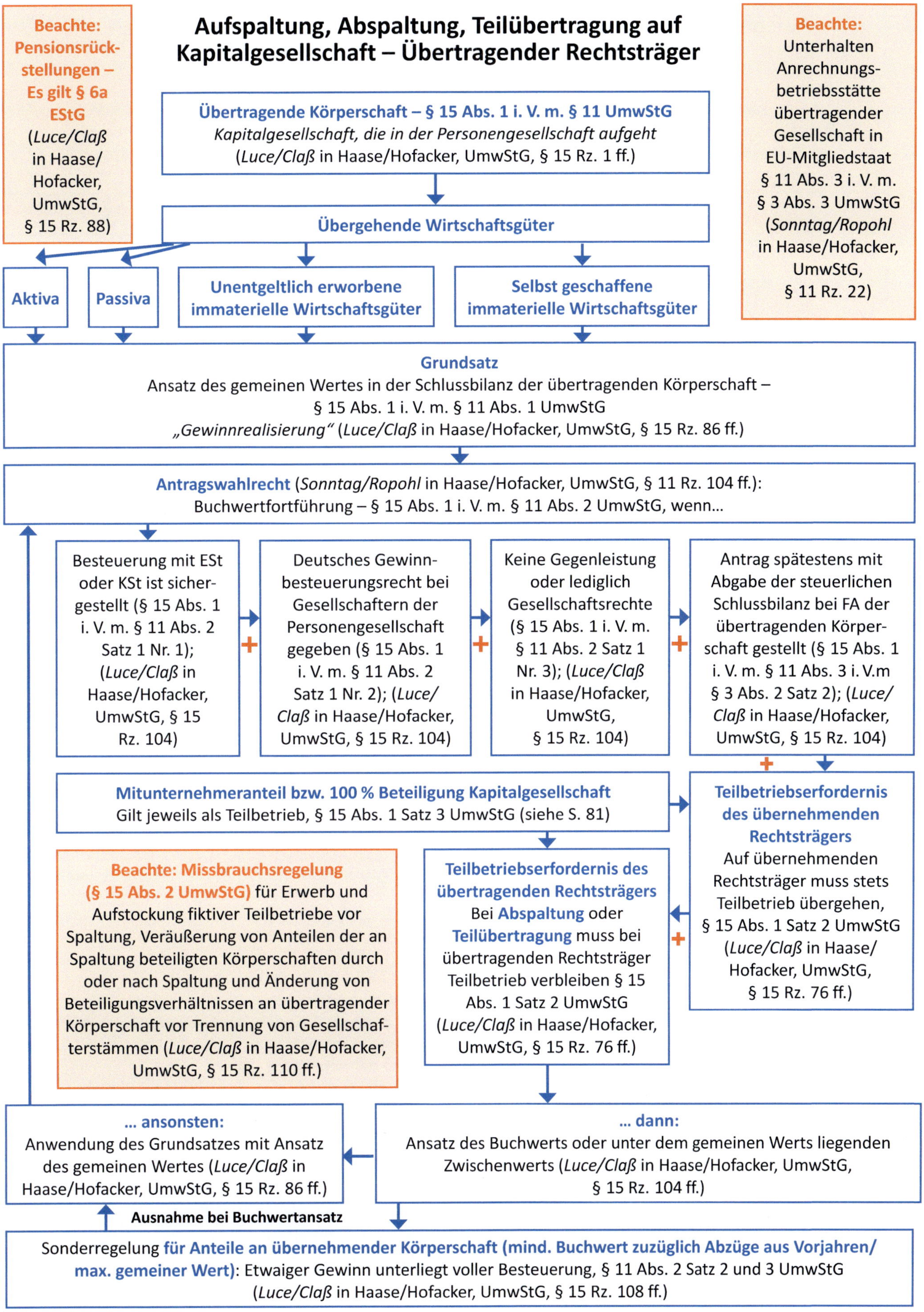

Aufspaltung, Abspaltung, Teilübertragung auf Kapitalgesellschaft – Übernehmender Rechtsträger

Übernehmende Kapitalgesellschaft – § 15 Abs. 1 Satz 1 i. V. m. § 12 UmwStG
Kapitalgesellschaft, die Teil einer anderen Kapitalgesellschaft übernimmt (Auf-oder Abspaltung gemäß § 123 Abs. 1 und 2 UmwG und Teilübertragung in Form der Auf- oder Abspaltung gemäß § 174 Abs. 2 Nr. 1 und 2 UmwG) (*Luce/Claß* in Haase/Hofacker, UmwStG, § 15 Rz. 1 ff.)

Wertverknüpfung
Wert in Schlussbilanz des Teils der übertragenden Körperschaft nach § 15 Abs. 1 Satz 1 i. V. m. § 11 UmwStG als Einstandswert bei übernehmender Kapitalgesellschaft, § 12 Abs. 1 Satz 1 UmwStG (*Herfort/Viebrock* in Haase/Hofacker, UmwStG, § 12 Rz. 45 ff.)

Wertansatz
Gemeiner Wert nach § 15 Abs. 1 Satz 1 i. V. m. § 11 Abs. 1 UmwStG oder Buchwert bzw. Zwischenwert nach § 15 Abs. 1 Satz 1 i. V. m. § 11 Abs. 2 UmwStG – tatsächlicher Wertansatz maßgebend (*Herfort/Viebrock* in Haase/Hofacker, UmwStG, § 12 Rz. 37 ff.)

Bilanz
Eröffnungsbilanz nur bei Verschmelzung durch Neugründung, im Übrigen lfd. Geschäftsvorfall (*Herfort/Viebrock* in Haase/Hofacker, UmwStG, § 12 Rz. 53 ff.)

Beteiligungskorrektur
Ansatz des Werts des Teils Derr Anteile an Körperschaft nach § 15 Abs. 1 Satz 1 i. V. m. § 11 UmwStG, soweit bei Ermittlung Übernahmegewinn anzusetzen, § 12 Abs. 1 Satz 2 i. V. m. § 4 Abs. 1 Satz 2 und 3 UmwStG (*Herfort/Viebrock* in Haase/Hofacker, UmwStG, § 12 Rz. 60 ff.)

Ausbuchung
Wegfallende Beteiligung an übertragender Gesellschaft ist auszubuchen, (*Herfort/Viebrock* in Haase/Hofacker, UmwStG, § 12 Rz. 76 ff.)

Korrekturen
Korrektur um Abschreibungen und § 6b EStG (*Herfort/Viebrock* in Haase/Hofacker, UmwStG, § 12 Rz. 76 ff.)

Volle Steuerpflicht
§ 8b Abs. 2 Satz 4 und 5 KStG bzw. § 3 Nr. 40 Satz 1 Buchst. a Satz 2 und 3 EStG (*Herfort/Viebrock* in Haase/Hofacker, UmwStG, § 12 Rz. 76)

Übernahmegewinn oder -verlust
Ermittlung und Besteuerung des Gewinns oder Verlusts aus der Übernahme der Gesellschaft nach § 15 Abs. 1 Satz 1 i. V. m. § 12 Abs. 2 Satz 1 und 2 UmwStG (*Herfort/Viebrock* in Haase/Hofacker, UmwStG, § 12 Rz. 80 ff.)

Abzug der Kosten des Vermögensübergangs
(*Herfort/Viebrock* in Haase/Hofacker, UmwStG, § 12 Rz. 90 ff.)

Außeransatzbleiben
Nach § 15 Abs. 1 Satz 1 i. V. m. § 12 Abs. 2 Satz 1 UmwStG (*Herfort/Viebrock* in Haase/Hofacker, UmwStG, § 12 Rz. 106)

§ 8b KStG
Nach § 15 Abs. 1 Satz 1 i. V. m. § 12 Abs. 2 Satz 2 UmwStG, findet § 8b KStG in quotaler Höhe der Beteiligung Anwendung (*Herfort/Viebrock* in Haase/Hofacker, UmwStG, § 12 Rz. 107 ff.)

Gesamtrechtsnachfolge
Pflichten der übernehmenden Kapitalgesellschaft und weiterer Ansatz, § 15 Abs. 1 Satz 1 i. V. m. § 12 Abs. 3 i. V. m. § 4 Abs. 2 und 3 UmwStG (*Herfort/Viebrock* in Haase/Hofacker, UmwStG, § 12 Rz. 133 f.)

Insbesondere für...
Bewertung der übernommenen Wirtschaftsgüter, Absetzung für Abnutzung und steuerlichen Gewinn mindernde Rücklage (*Herfort/Viebrock* in Haase/Hofacker, UmwStG, § 12 Rz. 137 ff.)

Nicht für...
Allgemeiner persönlicher Steuerstatus (*Herfort/Viebrock* in Haase/Hofacker, UmwStG, § 12 Rz. 133 ff.)

Beachte: Zu den Besonderheiten des § 15 Abs. 1 Satz 1 i. V. m. § 12 Abs. 4 und 5 UmwStG siehe S. 41 und *Herfort/Viebrock* in Haase/Hofacker, UmwStG, § 12 Rz. 201 ff.)

Beachte: § 5 Abs. 1 UmwStG (siehe S. 36) gilt entsprechend mit Folge der Erhöhung des Buchwerts der Anteile nach § 15 Abs. 1 Satz 1 i. V. m. § 12 Abs. 2 UmwStG (*Herfort/Viebrock* in Haase/Hofacker, UmwStG, § 12 Rz. 83)

Aufspaltung, Abspaltung, Teilübertragung auf Kapitalgesellschaft – Ebene der Anteilseigner

Anteilseigner der übertragenden Kapitalgesellschaft – § 15 Abs. 1 Satz 2 i. V. m. § 13 UmwStG
Gesellschafter der Kapitalgesellschaft, die die übertragende Kapitalgesellschaft übernimmt
(*Luce/Claß* in Haase/Hofacker, UmwStG, § 15 Rz. 98 f.)

Grundsatz
Anteile an übertragender Gesellschaft zum gemeinen Wert verkauft und Anteile an übernehmender Gesellschaft zum gemeinen Wert angeschafft – § 15 Abs. 1 Satz 2 i. V. m. § 13 Abs. 1 UmwStG – *„Gewinnrealisierung“* (*Luce/Claß* in Haase/Hofacker, UmwStG, § 15 Rz. 98 f.)

Antragswahlrecht (*Luce/Claß* in Haase/Hofacker, UmwStG, § 15 Rz. 109):
Buchwert für Anteile an übertragender Gesellschaft als Einstandswert für Anteile an übernehmender Gesellschaft – § 15 Abs. 1 Satz 2 i. V. m. § 13 Abs. 2 Satz 1 UmwStG – wenn ...

Antrag nicht fristgebunden und daher bis zur Bestandskraft der Veranlagung der betroffenen Anteilseigener möglich sowie von Wertansatz nach § 15 Abs. 1 Satz 2 i. V. m. § 11 Abs. 2 UmwStG unabhängig (siehe S. 42)

Besteuerungsrecht Deutschlands für erhaltene neue Anteile an übernehmender Gesellschaft nicht ausgeschlossen oder beschränkt wird

oder

Art. 8 Abs. 1 Fusionsrichtlinie Anwendung findet (siehe S. 14) – **Voraussetzung:**

Zuteilung von Anteilen am Gesellschaftskapital der übernehmenden Gesellschaft an Gesellschafter darf aufgrund der Verschmelzung für sich allein keine Besteuerung des Veräußerungsgewinns dieses Gesellschafters auslösen – Art. 8 Abs. 1 Fusionsrichtlinie

\+

Doppeltes Teilbetriebserfordernis (*Luce/Claß* in Haase/Hofacker, UmwStG, § 15 Rz. 76 ff.und S. 80)

Teilbetriebserfordernis des übertragenden Rechtsträgers
Bei **Abspaltung** oder **Teilübertragung** muss bei übertragenden Rechtsträger Teilbetrieb verbleiben
§ 15 Abs. 1 Satz 2 UmwStG

\+

Mitunternehmeranteil bzw. 100 % Beteiligung Kapitalgesellschaft
Gilt jeweils als Teilbetrieb, § 15 Abs. 1 Satz 3 UmwStG (siehe S. 81)

Teilbetriebserfordernis des übernehmenden Rechtsträgers
Auf übernehmenden Rechtsträger muss stets Teilbetrieb übergehen, § 15 Abs. 1 Satz 2 UmwStG

... dann:
Ansatz des Buchwerts, jedoch kein Zwischenwertansatz (*Luce/Claß* in Haase/Hofacker, UmwStG, § 15 Rz. 109)

... soweit nicht erfüllt:
Anwendung des Grundsatzes mit Ansatz des gemeinen Wertes (*Luce/Claß* in Haase/Hofacker, UmwStG, § 15 Rz. 98 f.)

Anteile an übernehmender Gesellschaft treten an Stelle der Anteile an übertragender Körperschaft – Steuerliche Merkmale der Anteile an Übertragerin springen auf an ihre Stelle tretende Anteile an Übernehmerin über – *„Fußstapfentheorie“* – § 15 Abs. 1 Satz 2 i. V. m. § 13 Abs. 2 Satz 2 UmwStG

Beachte: § 15 Abs. 1 Satz 2 i. V. m. § 13 Abs. 2 Satz 3 UmwStG
Anteile gemäß § 17 oder § 23 EStG (sowie Altfälle des § 21 UmwStG a. F.) sind statt Buchwert mit Anschaffungskosten anzusetzen

Aufspaltung und Abspaltung auf Personengesellschaft – Allgemein

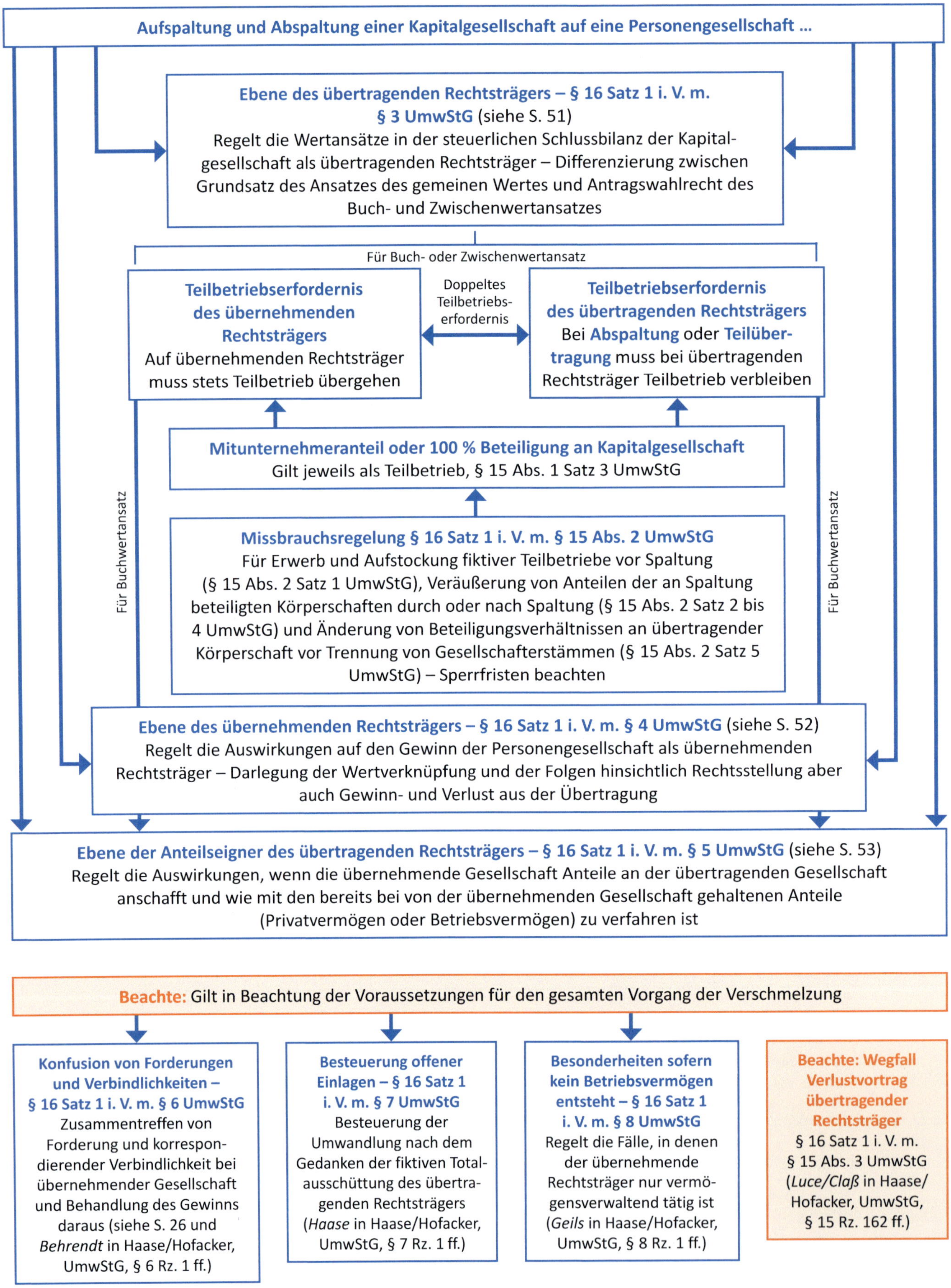

Aufspaltung und Abspaltung auf Personengesellschaft – Übertragender Rechtsträger

Beachte: **Pensionsrückstellungen – Es gilt § 6a EStG** (siehe S. 25)

Beachte: Unterhalten Anrechnungsbetriebsstätte übertragender Gesellschaft in EU-Mitgliedstaat § 16 Satz 1 i. V. m. § 3 Abs. 3 UmwStG

Übertragende Körperschaft – § 16 Satz 1 i. V. m. § 3 UmwStG
Kapitalgesellschaft, die Vermögen auf eine Personengesellschaft auf- oder abspaltet
(*Leske* in Haase/Hofacker, UmwStG, § 16 Rz. 1 ff.)

↓

Übergehende Wirtschaftsgüter
(*Leske* in Haase/Hofacker, UmwStG, § 16 Rz. 43 ff.)

↓

Aktiva | **Passiva** | **Unentgeltlich erworbene immaterielle Wirtschaftsgüter** | **Selbst geschaffene immaterielle Wirtschaftsgüter**

↓

Grundsatz
Ansatz des gemeinen Wertes in der Schlussbilanz der übertragenden Körperschaft – § 16 Satz 1 i. V. m. § 3 Abs. 1 UmwStG – *„Gewinnrealisierung"* (*Leske* in Haase/Hofacker, UmwStG, § 16 Rz. 43)

↓

Antragswahlrecht (*Leske* in Haase/Hofacker, UmwStG, § 16 Rz. 44 ff.):
Buchwertfortführung – § 16 Satz 1 i. V. m. § 3 Abs. 2 UmwStG, wenn ...

↓

Wirtschaftsgüter werden Betriebsvermögen der übernehmenden Personengesellschaft (§ 16 Satz 1 i. V. m. § 3 Abs. 2 Satz 1 Nr. 1 HS 1)

\+

Besteuerung mit ESt oder KSt ist sichergestellt (§ 16 Abs. 1 i. V. m. § 3 Abs. 2 Satz 1 Nr. 1 HS 2)

\+

Deutsches Gewinnbesteuerungsrecht bei Gesellschaftern der Personengesellschaft gegeben (§ 16 Abs. 1 i. V. m. § 3 Abs. 2 Satz 1 Nr. 2)

\+

Keine Gegenleistung oder lediglich Gesellschaftsrechte (§ 16 Satz 1 i. V. m. § 3 Abs. 2 Satz 1 Nr. 3); (siehe auch S. 82)

\+

Antrag spätestens mit Abgabe der steuerlichen Schlussbilanz bei FA der übertragenden Körperschaft gestellt (§ 16 Satz 1 i. V. m. § 3 Abs. 2 Satz 2); (siehe S. 24)

\+

Mitunternehmeranteil bzw. 100 % Beteiligung Kapitalgesellschaft
Gilt jeweils als Teilbetrieb, § 16 Satz 1 i. V. m. § 15 Abs. 1 Satz 3 UmwStG (siehe S. 81)

Teilbetriebserfordernis des übernehmenden Rechtsträgers
Auf übernehmenden Rechtsträger muss stets Teilbetrieb übergehen, § 16 Satz 1 i. V. m. § 15 Abs. 1 Satz 2 UmwStG (siehe S. 79 f.)

\+

Teilbetriebserfordernis des übertragenden Rechtsträgers
Bei **Abspaltung** oder **Teilübertragung** muss bei übertragenden Rechtsträger Teilbetrieb verbleiben § 16 Satz 1 i. V. m. § 15 Abs. 1 Satz 2 UmwStG (siehe S. 79 f.)

Beachte: Missbrauchsregelung (§ 16 Satz 1 i. V. m. § 15 Abs. 2 UmwStG) für Erwerb und Aufstockung fiktiver Teilbetriebe vor Spaltung, Veräußerung von Anteilen der an Spaltung beteiligten Körperschaften durch oder nach Spaltung und Änderung von Beteiligungsverhältnissen an übertragender Körperschaft vor Trennung von Gesellschafterstämmen

↓

... dann:
Ansatz des Buchwerts oder unter dem gemeinen Werts liegenden Zwischenwerts
(*Leske* in Haase/Hofacker, UmwStG, § 16 Rz. 44)

... ansonsten:
Anwendung des Grundsatzes mit Ansatz des gemeinen Wertes
(*Leske* in Haase/Hofacker, UmwStG, § 16 Rz. 43)

Aufspaltung und Abspaltung auf Personengesellschaft – Übernehmender Rechtsträger

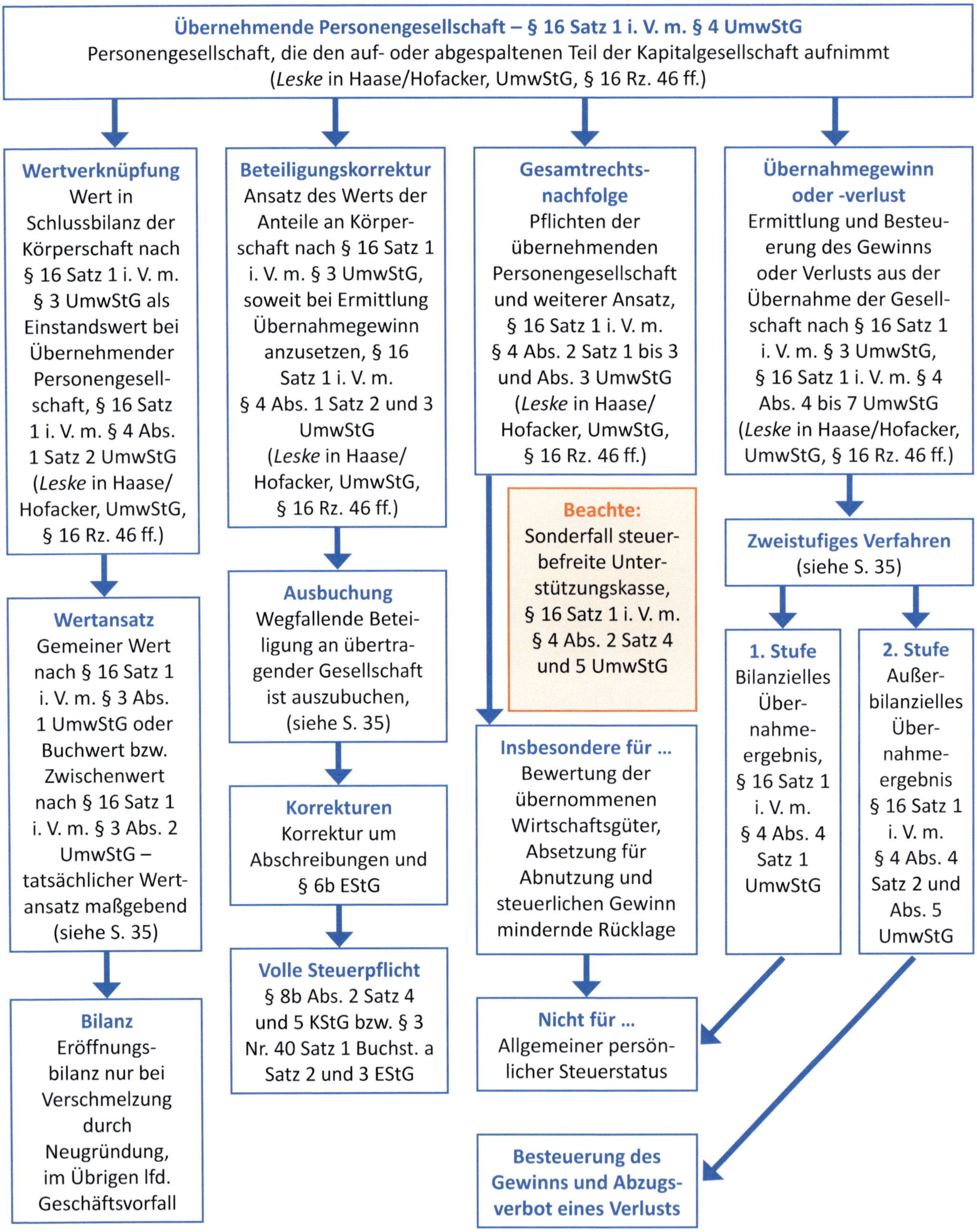

Aufspaltung und Abspaltung auf Personengesellschaft – Ebene der Anteilseigner

Anteilseigner – § 16 Satz 1 i. V. m. § 5 UmwStG
Personen, die an der einen Teil auf-oder abspaltenden Körperschaft beteiligt sind
(*Leske* in Haase/Hofacker, UmwStG, § 16 Rz. 46 ff.)

Rückbeziehungsfiktion
Anteile, die die übernehmende Personengesellschaft erst nach Übertragungsstichtag anschafft oder auf die sie nach dem Übertragungsstichtag Anschaffungskosten in Form von Abfindungen aufwendet, gelten für Zwecke der Ermittlung des Übernahmegewinns als bereits am Übertragungsstichtag angeschafft, § 16 Satz 1 i. V. m. § 5 Abs. 1 UmwStG (siehe S. 36)

Nachträgliche Anschaffung der übernehmenden Personengesellschaft, § 16 Satz 1 i. V. m. § 5 Abs. 1 1. Alt. UmwStG

Abfindung ausscheidender Gesellschafter der übertragenden Kapitalgesellschaft, § 16 Satz 1 i. V. m. § 5 Abs. 1 2. Alt. UmwStG

Gilt sofern Gesellschafter an übernehmender Gesellschaft noch nicht beteiligt ist

Einlagefiktion bei Privatvermögen
Anteile i. S. d. § 17 EStG, die am Übertragungsstichtag zum Privatvermögengehören, gelten für Zwecke der Ermittlung des Übernahmeergebnisses in das Betriebsvermögen der übernehmenden Personengesellschaft eingelegt; die Einlage gilt als zum Übertragungsstichtag mit den Anschaffungskosten bewirkt, § 16 Satz 1 i. V. m. § 5 Abs. 2 UmwStG (siehe S. 36)

Ermittlung des Übernahmegewinns aus fiktiver Einlagen nach § 16 Satz 1 i. V. m. § 4 Abs. 4 ff. UmwStG, sofern Anteile an übertragender Gesellschaft vorher Privatvermögen

Überführungsfiktion bei Betriebsvermögen
Es gelten auch die zu einem Betriebsvermögendes Gesellschafters der übernehmenden Personengesellschaft gehörenden Anteile für Zwecke der Ermittlung des Übernahmeergebnisses als zum Übertragungsstichtag mit dem Buchwert in das Betriebsvermögen der übernehmenden Personengesellschaft überführt, § 16 Satz 1 i. V. m. § 5 Abs. 3 UmwStG (siehe S. 36)

Ermittlung des Übernahmegewinns aus Überführung nach § 16 Satz 1 i. V. m. § 4 Abs. 4 ff. UmwStG, sofern Anteile an übertragender Gesellschaft vorher Betriebsvermögen

Einschränkung
Gesellschafter muss Mitunternehmer der übernehmenden Personengesellschaft sein oder durch Umwandlung zum Mitunternehmer werden
(*Leske* in Haase/Hofacker, UmwStG, § 16 Rz. 28)

Gilt sofern Gesellschafter an übernehmender Gesellschaft bereits beteiligt ist

Beachte: Rechtsfolgen des § 16 UmwStG i. d. R durch Verweis auf §§ 3 bis 8 UmwStG gänzlich geregelt; somit für §§ 11 bis 13 UmwStG kein Raum → direkter Verweis auf §§ 3 bis 8 UmwStG Vorrang vor mittelbaren Verweis auf §§ 11 bis 13 UmwStG (siehe S. 41)

Einbringung und Anteilstausch – Grundlagen

Wege der Einbringung bzw. des Anteilstauschs

Einbringung: Prozess, bei welchem Betriebsvermögen von bisherigem Besitzer auf Gesellschaft übertragen wird und die Gesellschaft im Gegenzug dem bisherigen Besitzer Anteile gewährt; Umwandlungssteuerlich durch Formwechsel, Spaltung, Vermögensübertragung sowie Verschmelzung zu realisieren

Anteilstausch: Austausch von Anteilen an einer Kapitalgesellschaft durch Einbringung in eine andere Kapitalgesellschaft gegen Gewährung von Anteilen an dieser anderen Gesellschaft

Einbringung in eine Kapitalgesellschaft

Betrieb, Teilbetrieb oder Mitunternehmeranteil wird in eine Kapitalgesellschaft gegen die Gewährung neuer Anteile an dieser Gesellschaft eingebracht

§§ 20, 22 und 23 UmwStG

Tausch von Anteilen an einer Kapitalgesellschaft

Anteile an einer Kapitalgesellschaft werden im Tausch gegen Anteile an einer übernehmenden Gesellschaft in diese eingebracht

§§ 21, 22 und 23 UmwStG

Einbringung in eine Personengesellschaft

Betrieb, Teilbetrieb oder Mitunternehmeranteil wird in eine Personengesellschaft gegen Gewährung einer Mitunternehmerstellung an dieser Gesellschaft eingebracht

§ 24 UmwStG

Sechster Teil des UmwStG
§§ 20–23 UmwStG (siehe S. 55 ff.)

Siebter Teil des UmwStG
§ 24 UmwStG (siehe S. 59 ff.)

(siehe S. 55 ff. und ab *Hofacker* in Haase/Hofacker, UmwStG, § 20 Rz. 1 ff.)

Achter Teil des UmwStG
§ 25 UmwStG

(siehe S. 59 ff. und ab *Haase* in Haase/Hofacker, UmwStG, § 24 Rz. 1 ff.)

Formwechsel einer Personengesellschaft in eine Kapitalgesellschaft
Eine Personengesellschaft wird in eine Kapitalgesellschaft formgewandelt
§ 25 UmwStG
(siehe S. 68 ff. und ab *Arjes* in Haase/Hofacker, UmwStG, § 25 Rz. 1 ff.)

Beachte: Der umwandlungssteuerliche Anwendungsbereich der Einbringung und des Anteilstauschs ergibt sich aus § 1 Abs. 3 und 4 UmwStG und rekurriert teilweise auf das UmwG (siehe S. 4)

Beachte: Die Regelungen für Kapitalgesellschaften gelten analog für Genossenschaften, auch wenn dies vorstehend und nachfolgend nicht explizit dargestellt wird

Einbringung von Unternehmensteilen in eine Kapitalgesellschaft – Allgemein

Einbringung von Unternehmensteilen in eine Kapitalgesellschaft ...

Gesamtrechtsnachfolge

Beachte: Für den Formwechsel nach § 25 UmwStG siehe S. 68 ff.

Einzelrechtsnachfolge

Ebene des Einbringenden – § 20 Abs. 1, 3 und 4 UmwStG (siehe S. 56)
Regelt die Wertansätze des Einbringenden aus der Einbringung eines Betriebs, Teilbetrieb oder Mitunternehmeranteils für die erhaltenen Anteile mit Wertverknüpfung

Ebene des übernehmenden Rechtsträgers – § 20 Abs. 2 UmwStG (siehe S. 57)
Regelt den Wertansatz der übernommenen Wirtschaftsgüter bei dem übernehmenden Rechtsträger – Grundsatz des Ansatzes mit **gemeinem Wert** – § 20 Abs. 2 Satz 1 UmwStG
Für Buch- oder Zwischenwertansatz – § 20 Abs. 2 Satz 2 UmwStG
Antragswahlrecht mit weiteren Voraussetzungen für Ansatz des Buchwerts oder eines Zwischenwerts

Buchwert
§ 23 Abs. 1 UmwStG
(siehe S. 67)

Zwischenwert
§ 23 Abs. 1 und 3 UmwStG
(siehe S. 67)

Gemeiner Wert
§ 23 Abs. 4 UmwStG
(siehe S. 67)

Besteuerung der Anteilseigner – § 22 UmwStG (siehe S. 66)
§ 22 UmwStG regelt rückwirkende Besteuerung bei Veräußerung oder schädlicher Verwendung der Anteile durch den Einbringenden durch Einbringungsgewinn I (§ 22 Abs. 1 UmwStG) und Einbringungsgewinn II (§ 22 Abs. 2 UmwStG)

Beachte: Gilt in Beachtung der Voraussetzungen für den gesamten Vorgang der Einbringung

Steuerliche Rückwirkung
§ 20 Abs. 5 und 6 UmwStG eröffnet Rückwirkungsmöglichkeit für Einbringung (*Hofacker* in Haase/Hofacker, UmwStG, § 20 Rz. 219 ff.)

Einbringung einer in anderen Mitgliedstaat belegenen Betriebsstätte
§ 20 Abs. 7 i. V. m. § 3 Abs. 3 UmwStG (*Hofacker* in Haase/Hofacker, UmwStG, § 20 Rz. 234 ff.)

Einbringung einer oder durch eine in anderen Mitgliedstaat ansässige Gesellschaft
§ 20 Abs. 8 UmwStG (*Hofacker* in Haase/Hofacker, UmwStG, § 20 Rz. 238 ff.)

Wegfall Zinsvortrag und EBITDA-Vortrag
§ 20 Abs. 9 UmwStG (*Hofacker* in Haase/Hofacker, UmwStG, § 20 Rz. 240 ff.)

Einbringung von Unternehmensteilen in eine Kapitalgesellschaft – Einbringender

Einbringender, § 20 Abs. 1 UmwStG
„Person", die die Einbringung in die übernehmende Kapitalgesellschaft bewirkt
(*Hofacker* in Haase/Hofacker, UmwStG, § 20 Rz. 32 ff.)

Einbringungsgegenstand
(*Hofacker* in Haase/Hofacker, UmwStG, § 20 Rz. 42 ff.)

Sacheinlage

Gegenleistung
(*Hofacker* in Haase/Hofacker, UmwStG, § 20 Rz. 85 ff.)

Betrieb
(siehe S. 78)

Teilbetrieb
(siehe S. 79 ff.)

Mitunternehmeranteil
(siehe S. 81)

Nicht erfasst ...
Einzelne betriebliche Wirtschaftsgüter.
Wirtschaftsgüter, die keinen (Teil-)betrieb oder Mitunternehmeranteil darstellen.
Privatvermögen

Muss sich letztlich um alle funktional wesentlichen Betriebsgrundlagen handeln
Zum Zurückbehalt einzelner Wirtschaftsgüter siehe S. 83

Gewährung neuer Anteile an der übernehmenden Gesellschaft

Kommt nicht auf Höhe bzw. Wert an
Wert der Gesellschaftsanteile muss nicht demjenigen des eingebrachten Vermögens entsprechen, es muss jedoch Vorgang der Sachgründung oder Kapitalerhöhung vorliegen
Wechselseitige Beteiligungen sind unschädlich
(*Hofacker* in Haase/Hofacker, UmwStG, § 20 Rz. 85 ff.)

Rechtsfolge (*Hofacker* in Haase/Hofacker, UmwStG, § 20 Rz. 98 ff.)
Anwendung des § 20 Abs. 2 bis 9 UmwStG, wobei für den Einbringenden insbesondere die Absätze 3 und 4 von erheblicher Bedeutung sind und im Übrigen allgemeine Verfahrensregeln gegeben sind bzw. Regelungen für den übernehmenden Rechtsträger

Veräußerungspreis und Anschaffungskosten, § 20 Abs. 3 UmwStG
Wertverknüpfung zwischen Ansatz bei der übernehmenden Kapitalgesellschaft und Veräußerungspreis des Einbringenden bzw. dessen Anschaffungskosten für neue Anteile
(*Hofacker* in Haase/Hofacker, UmwStG, § 20 Rz. 187 ff.)

Begünstigung eines etwaigen Gewinns – § 20 Abs. 4 UmwStG
Bei Ansatz des Zwischenwerts oder gemeinen Wert entsteht Veräußerungsgewinn für Einbringenden, welcher unter Voraussetzungen des § 16 Abs. 4 i. V. m. § 34 Abs. 1 und 3 EStG steuerlich begünstigt ist sofern Ansatz des gemeinen Wert erfolgt
Einschränkung: Veräußerungsgewinn darf nicht Teileinkünfteverfahren unterfallen
(*Hofacker* in Haase/Hofacker, UmwStG, § 20 Rz. 205 ff.)

Beachte: Hinsichtlich Anwendung des § 20 Abs. 5 bis 9 UmwStG wird auf S. 55 verwiesen.
Die Sonderreglungen des §§ 22 und 23 UmwStG sind zu beachten (siehe S. 58 ff.).

Einbringung von Unternehmensteilen in eine Kapitalgesellschaft – Übernehmender Rechtsträger

Übernehmende Kapitalgesellschaft – § 20 Abs. 2 UmwStG
Kapitalgesellschaft, die Betrieb, Teilbetrieb oder Mitunternehmeranteil übernimmt
(*Hofacker* in Haase/Hofacker, UmwStG, § 20 Rz. 98 ff.)

Beachte: Zu den Besonderheiten des § 23 UmwStG siehe S. 67 zusammengefasst für alle Einbringungsvorgänge

Grundsatz
Ansatz mit dem gemeinen Wertes des eingebrachten Betriebsvermögens – § 20 Abs. 2 Satz 1 UmwStG
„Gewinnrealisierung" (*Hofacker* in Haase/Hofacker, UmwStG, § 20 Rz. 102)

Beachte: Pensionsrückstellungen – Es gilt § 6a EStG (*Hofacker* in Haase/Hofacker, UmwStG, § 20 Rz. 115)

Antragswahlrecht (*Hofacker* in Haase/Hofacker, UmwStG, § 20 Rz. 103 ff.):
Buchwertfortführung – § 20 Abs. 2 Satz 2 UmwStG, wenn ...

Sicherstellung der späteren KSt-Besteuerung des eingebrachten Vermögens bei übernehmender Körperschaft (§ 20 Abs. 2 Satz 2 Nr. 1 UmwStG); (*Hofacker* in Haase/Hofacker, UmwStG, § 20 Rz. 128 ff.)

\+

Passivposten des eingebrachten Vermögens nicht höher als Aktivposten (§ 20 Abs. 2 Satz 2 Nr. 2 UmwStG); (*Hofacker* in Haase/Hofacker, UmwStG, § 20 Rz. 130 ff.)

\+

Deutsches Besteuerungsrecht für Veräußerungsgewinn nicht ausgeschlossen oder beschränkt (§ 20 Abs. 2 Satz 2 Nr. 3 UmwStG); (*Hofacker* in Haase/Hofacker, UmwStG, § 20 Rz. 135 ff.)

\+

Beschränkung der Gewährung sonstiger Gegenleistungen (§ 20 Abs. 2 Satz 2 Nr. 4 UmwStG); (*Hofacker* in Haase/Hofacker, UmwStG, § 20 Rz. 141 ff.)
Nicht mehr als ...

25 % des Buchwerts des eingebrachten Vermögens (§ 20 Abs. 2 Satz 2 Nr. 4 Buchst. a UmwStG); (siehe S. 82)

oder

500.000 EUR, höchstens Buchwert des eingebrachten Vermögens (§ 20 Abs. 2 Satz 2 Nr. 4 Buchst. b UmwStG); (siehe S. 82)

\+

Antrag spätestens mit Abgabe der steuerlichen Schlussbilanz bei Finanzamt des übernehmenden Rechtsträgers zu stellen (§ 20 Abs. 2 Satz 3 UmwStG); (*Hofacker* in Haase/Hofacker, UmwStG, § 20 Rz. 107 ff.)

... soweit nicht erfüllt:
Anwendung des Grundsatzes mit Ansatz des gemeinen Wertes (*Hofacker* in Haase/Hofacker, UmwStG, § 20 Rz. 102)

... dann:
Ansatz des Buchwerts oder eines unter dem gemeinen Werts liegenden Zwischenwerts (*Hofacker* in Haase/Hofacker, UmwStG, § 20 Rz. 103 ff.)

Beachte: Verhältnisrechnung bei schädlichen sonstigen Gegenleistungen „soweit" Überhang der Grenzen des § 20 Abs. 2 Satz 2 Nr. 4 UmwStG im Verhältnis zum Gesamtwert der Sacheinlage

Ist nach § 20 Abs. 2 Satz 2 Nr. 4 UmwStG berechneter Mindestansatz für Sacheinlage geringer als gemeine Wert der tatsächlich erhaltenen sonstigen Gegenleistung, geht § 20 Abs. 2 Satz 4 UmwStG insoweit vor und es ist der gemeine Wert der sonstigen Gegenleistung als Mindestbetrag anzusetzen (*Hofacker* in Haase/Hofacker, UmwStG, § 20 Rz. 145 ff.)

Einbringung von Unternehmensteilen in eine Kapitalgesellschaft – Besteuerung der Anteilseigner im Nachgang

Besteuerung der Anteilseigner – § 22 UmwStG

Besteuerung des Anteilseigners im Nachgang der Einbringung bei schädlichem Vorgang (*Wulff-Dohmen* in Haase/Hofacker, UmwStG, § 22 Rz. 25 ff.) – Unmittelbare Folgen der Einbringung für Anteilseigner ergeben sich aus § 20 Abs. 3 bis Abs. 8 UmwStG (siehe S. 55)

Einbringungsgewinn I – § 22 Abs. 1 UmwStG

Gilt für Sacheinlage gemäß § 20 Abs. 1 UmwStG (siehe S. 56), soweit Gegenstand der Sacheinlage nicht auch Kapitalgesellschaftsanteile enthält;
Besteuerung des Einbringungsgewinns I (siehe S. 85), wenn Veräußerung oder gleichgestellte Vorgänge (§ 22 Abs. 1 Satz 6 UmwStG) der erhaltenen Anteile nach § 20 Abs. 1 i. V. m. Abs. 2 Satz 2 UmwStG innerhalb von sieben Jahren nach Einbringung – Jährliche Verminderung um 1/7 je Zeitjahr (*Wulff-Dohmen* in Haase/Hofacker, UmwStG, § 22 Rz. 81 ff.)

Einbringungsgewinn II – § 22 Abs. 2 UmwStG

Gilt für Sacheinlage gemäß § 20 Abs. 1 UmwStG (siehe S. 56), soweit Gegenstand der Sacheinlage Kapitalgesellschaftsanteile enthält;
Besteuerung des Einbringungsgewinns II (siehe S. 86), wenn Veräußerung oder gleichgestellte Vorgänge (§ 22 Abs. 2 Satz 6 i. V. m. Abs. 1 Satz 6 UmwStG) eingebrachter Anteile durch übernehmende Gesellschaft innerhalb von sieben Jahrennach Buch-oder Zwischenwerteinbringung – Jährliche Verminderung um 1/7 je Zeitjahr (*Wulff-Dohmen* in Haase/Hofacker, UmwStG, § 22 Rz. 220 ff.)

Nachweispflicht - § 22 Abs. 3 UmwStG

Steuerpflichtiger muss jährlich nachweisen, dass erhaltene Anteile gemäß § 22 Abs. 1 UmwStG und eingebrachte Anteile gemäß § 22 Abs. 2 UmwStG sowie Anteile gemäß § 22 Abs. 1 Satz 6 und § 22 Abs. 2 Satz 6 UmwStG noch gehalten werden – **Frist:** 31. Mai des Folgejahres für sieben Jahre – **Säumnis:** Verkaufsfiktion der Anteile mit Folgen des § 22 Abs. 1 und 2 UmwStG (*Wulff-Dohmen* in Haase/Hofacker, UmwStG, § 22 Rz. 410 ff.)

Besondere Gesellschaften – § 22 Abs. 4 UmwStG

Steuerverhaftung von erhaltenen Anteilen gemäß § 22 Abs. 1 UmwStG bei juristischen Personen der öffentlichen Rechts und steuerbefreiten Körperschaften (*Wulff-Dohmen* in Haase/Hofacker, UmwStG, § 22 Rz. 443 ff.)

Beachte: Gilt in Beachtung der Voraussetzungen für die gesamte Norm

Bescheinigung – § 22 Abs. 5 UmwStG

Bescheinigung der auf Einbringungsgewinn entfallenden und entrichteten Steuer, bspw. für Anwendung des § 23 Abs. 2 UmwStG (*Wulff-Dohmen* in Haase/Hofacker, UmwStG, § 22 Rz. 459 ff.)

Rechtsnachfolge – § 22 Abs. 6 UmwStG

Folgen des § 22 Abs. 1 bis 5 UmwStG gehen bei unentgeltlicher Rechtsnachfolge auf Rechtsnachfolger über (*Wulff-Dohmen* in Haase/Hofacker, UmwStG, § 22 Rz. 467 ff.)

Mitverstrickung von Anteilen – § 22 Abs. 7 UmwStG

Fälle der Gesellschaftsgründung oder Kapitalerhöhung mit Einbezug der erhaltenen bzw. eingebrachten Anteile (*Wulff-Dohmen* in Haase/Hofacker, UmwStG, § 22 Rz. 479 ff.)

Beachte: Brexit-Regelung – § 22 Abs. 8 UmwStG

Sonderregelung für Ersatzrealisationstatbestände in § 22 Abs. 1 Satz 6 Nr. 6 und § 22 Abs. 2 Satz 6 UmwStG, um zu verhindern, dass bloßer Brexit zu Ersatzrealisation führt (*Wulff-Dohmen* in Haase/Hofacker, UmwStG, § 22 Rz. 499 ff.)

Einbringung von Betriebsvermögen in eine Personengesellschaft – Allgemein

Einbringung von Betriebsvermögen in eine Personengesellschaft ...

Gesamtrechtsnachfolge

Einzelrechtsnachfolge

Ebene des Einbringenden – § 24 Abs. 1 und 3 UmwStG (siehe S. 60)
Regelt die Wertansätze des Einbringenden aus der Einbringung eines Betriebs, Teilbetrieb oder Mitunternehmeranteils für die erhaltenen Mitunternehmerstellung mit Wertverknüpfung

Ebene des übernehmenden Rechtsträgers – § 24 Abs. 2 UmwStG (siehe S. 61)
Regelt den Wertansatz der übernommenen Wirtschaftsgüter bei dem übernehmenden Rechtsträger – Grundsatz des Ansatzes mit gemeinem Wert – § 24 Abs. 2 Satz 1 UmwStG
Für Buch- oder Zwischenwertansatz – § 24 Abs. 2 Satz 2 UmwStG
Antragswahlrecht mit weiteren Voraussetzungen für Ansatz des Buchwerts oder eines Zwischenwerts

Buchwert
§ 24 Abs. 4 i. V. m. § 23 Abs. 1 UmwStG (siehe S. 67)

Zwischenwert
§ 24 Abs. 4 i. V. m. § 23 Abs. 1 und 3 UmwStG (siehe S. 67)

Gemeiner Wert
§ 24 Abs. 4 i. V. m. § 23 Abs. 4 UmwStG (siehe S. 67)

Besteuerung der Anteilseigner bzw. bei schädlichen Ereignissen – § 24 Abs. 5 UmwStG (siehe S. 62)
§ 24 Abs. 5 UmwStG regelt rückwirkende Besteuerung bei Veräußerung oder schädlicher Verwendung der eingebrachten Anteile durch die übernehmende Personengesellschaft oder den Einbringenden (§ 22 Abs. 1 Satz 6 Nr. 1 bis 5 UmwStG) mit Verweis auf § 22 Abs. 2, 3 5 bis 7 UmwStG

Beachte: Gilt in Beachtung der Voraussetzungen für den gesamten Vorgang der Einbringung

Steuerliche Rückwirkung
§ 24 Abs. 4 i. V. m. § 20 Abs. 5 und 6 UmwStG eröffnet Rückwirkungsmöglichkeit für Einbringung (*Haase* in Haase/Hofacker, UmwStG, § 24 Rz. 55 ff.)

Wegfall Zinsvortrag und EBITDA-Vortrag
§ 24 Abs. 4 i. V. m. § 20 Abs. 9 UmwStG (*Haase* in Haase/Hofacker, UmwStG, § 20 Rz. 55 ff.)

Einbringung von Betriebsvermögen in eine Personengesellschaft – Einbringender

Einbringender, § 24 Abs. 1 UmwStG
„Person", die die Einbringung in die übernehmende Personengesellschaft bewirkt
(*Haase* in Haase/Hofacker, UmwStG, § 24 Rz. 1 ff.)

Einbringungsgegenstand

Betrieb (siehe S. 78)

Teilbetrieb (siehe S. 79 ff.)

Mitunternehmeranteil (siehe S. 81)

Nicht erfasst …
Einzelne betriebliche Wirtschaftsgüter
Wirtschaftsgüter, die keinen (Teil-)betrieb oder Mitunternehmeranteil darstellen
Privatvermögen

Muss sich letztlich um alle funktional wesentlichen Betriebsgrundlagen handeln
Zum Zurückbehalt einzelner Wirtschaftsgüter siehe S. 83

Gegenleistung

Gewährung einer Mitunternehmerstellung an der übernehmenden Gesellschaft
(*Haase* in Haase/Hofacker, UmwStG, § 24 Rz. 38 ff.)

Einbringender wird Mitunternehmer
Einbringung gegen Buchung auf Gesellschafterkonto ist Gewährung von Gesellschaftsrechten, wenn Kapitalkonto angesprochen, nach dem sich maßgebenden Gesellschaftsrechte (u. a. Gewinnbezugsrecht) richten – i. d. R. Kapitalkonto I
Nur Buchung auf Kapitalkonto II ist kein entgeltlicher Vorgang – keine Gewährung von Gesellschaftsrechten, sondern Einlage
(*Haase* in Haase/Hofacker, UmwStG, § 24 Rz. 38 ff.)

Rechtsfolge (*Haase* in Haase/Hofacker, UmwStG, § 24 Rz. 44 ff.)
Anwendung des § 24 Abs. 2 bis 4 UmwStG, wobei für den Einbringenden insbesondere der Absatz 3 von erheblicher Bedeutung ist und i. Ü. allgemeine Verfahrensregeln gegeben sind bzw. Regelungen für den übernehmenden Rechtsträger

Veräußerungspreis und Anschaffungskosten, § 24 Abs. 3 Satz 1 UmwStG
Wertverknüpfung zwischen Ansatz bei übernehmender Personengesellschaft und Veräußerungspreis des Einbringenden bzw. dessen Anschaffungskosten für Mitunternehmerstellung
(*Haase* in Haase/Hofacker, UmwStG, § 24 Rz. 51 ff.)

Begünstigung eines etwaigen Gewinns – § 24 Abs. 3 Satz 2 und 3 UmwStG
Bei Ansatz des Zwischenwerts oder gemeinen Wert entsteht Veräußerungsgewinn für Einbringenden, welcher unter Voraussetzungen des § 16 Abs. 4 i. V. m. § 34 Abs. 1 und 3 EStG steuerlich begünstigt ist sofern Ansatz des gemeinen Wert erfolgt
Einschränkung: Veräußerungsgewinn darf nicht Teileinkünfteverfahren unterfallen
(*Haase* in Haase/Hofacker, UmwStG, § 24 Rz. 53 ff.)

Beachte: Hinsichtlich Anwendung des § 20 Abs. 5, 6 und 9 UmwStG gilt § 24 Abs. 4 und 6 EStG, es wird auf S. 55 verwiesen. Die Sonderreglungen des § 24 Abs. 4 i. V. m. § 23 UmwStG und § 24 Abs. 5 i. V. m. § 22 UmwStG sind zu beachten.

Einbringung von Betriebsvermögen in eine Personengesellschaft – Übernehmender Rechtsträger

Übernehmende Personengesellschaft – § 24 Abs. 2 UmwStG
Personengesellschaft, die Betrieb, Teilbetrieb oder Mitunternehmeranteil übernimmt (*Haase* in Haase/Hofacker, UmwStG, § 24 Rz. 44 ff.)

Beachte: Zu den Besonderheiten des § 23 UmwStG siehe S. 67 zusammengefasst für alle Einbringungsvorgänge

Grundsatz
Ansatz mit dem gemeinen Wertes des eingebrachten Betriebsvermögens – § 24 Abs. 2 Satz 1 UmwStG
„Gewinnrealisierung“ (*Haase* in Haase/Hofacker, UmwStG, § 24 Rz. 44)

Beachte:
Pensionsrückstellungen –
Es gilt § 6a EStG
(siehe S. 25)

Antragswahlrecht (*Haase* in Haase/Hofacker, UmwStG, § 24 Rz. 45 ff.):
Buchwertfortführung – § 24 Abs. 2 Satz 2 UmwStG, wenn ...

Deutsches Besteuerungsrecht des eingebrachten Betriebsvermögens nicht ausgeschlossen oder beschränkt (§ 24 Abs. 2 Satz 2 Nr. 1 UmwStG); (*Haase* in Haase/Hofacker, UmwStG, § 24 Rz. 45 ff.)

+

Beschränkung der Gewährung sonstiger Gegenleistungen (§ 24 Abs. 2 Satz 2 Nr. 2 UmwStG); (*Hofacker* in Haase/Hofacker, UmwStG, § 20 Rz. 45 ff.)
Nicht mehr als ...

25 % des Buchwerts des eingebrachten Vermögens (§ 24 Abs. 2 Satz 2 Nr. 2 Buchst. a UmwStG); (siehe S. 82)

oder

500.000 EUR, höchstens Buchwert des eingebrachten Vermögens (§ 24 Abs. 2 Satz 2 Nr. 2 Buchst. b UmwStG); (siehe S. 82)

+

Antrag spätestens mit Abgabe der steuerlichen Schlussbilanz bei Finanzamt des übernehmenden Rechtsträgers zu stellen (§ 24 Abs. 2 Satz 3 i. V. m. § 20 Abs. 2 Satz 3 UmwStG); (*Haase* in Haase/Hofacker, UmwStG, § 24 Rz. 45 ff.)

... dann:
Ansatz des Buchwerts oder eines unter dem gemeinen Werts liegenden Zwischenwerts (*Haase* in Haase/Hofacker, UmwStG, § 24 Rz. 45 ff.)

... soweit nicht erfüllt:
Anwendung des Grundsatzes mit Ansatz des gemeinen Wertes (*Haase* in Haase/Hofacker, UmwStG, § 24 Rz. 44)

Beachte: Verhältnisrechnung bei schädlichen sonstigen Gegenleistungen „soweit“ Überhang der Grenzen des § 24 Abs. 2 Satz 2 Nr. 2 UmwStG im Verhältnis zum Gesamtwert der Sacheinlage

Ist nach § 24 Abs. 2 Satz 2 Nr. 2 UmwStG berechneter Mindestansatz für Sacheinlage geringer als gemeine Wert der tatsächlich erhaltenen sonstigen Gegenleistung, geht § 24 Abs. 2 Satz 4 UmwStG insoweit vor und es ist der gemeine Wert der sonstigen Gegenleistung als Mindestbetrag anzusetzen (siehe S. 21 f.)

Einbringung von Betriebsvermögen in eine Personengesellschaft – Besteuerung der Anteilseigner im Nachgang

Besteuerung der Anteilseigner – § 24 Abs. 5 UmwStG
Besteuerung des Anteilseigners im Nachgang der Einbringung, wenn erst durch Einbringung Voraussetzungen des § 8b Abs. 2 KStG geschaffen und schädlicher Vorgang (*Haase* in Haase/Hofacker, UmwStG, § 24 Rz. 61)

↓

Einbringungsgewinn II – § 24 Abs. 5 i. V. m. § 22 Abs. 2 UmwStG
Gilt für Einbringung der Anteile gemäß § 24 Abs. 1 UmwStG (siehe S. 60), soweit Gegenstand der Sacheinlage Kapitalgesellschaftsanteile enthält; Besteuerung des Einbringungsgewinns II (siehe S. 86), wenn Veräußerung oder gleichgestellte Vorgänge (§ 22 Abs. 1 Satz 6 Nr. 1 bis 5 UmwStG) eingebrachter Anteile durch übernehmende Gesellschaft innerhalb von sieben Jahren nach Buch- oder Zwischenwerteinbringung (siehe S. 23) – Jährliche Verminderung um 1/7 je Zeitjahr

Beachte: Kein Einbringungsgewinn I im Anwendungsbereich des § 24 Abs. 5 UmwStG, da dieser nur auf Betrieb, Teilbetrieb und Mitunternehmeranteil abzielt

↓

Nachweispflicht – § 24 Abs. 5 i. V. m. § 22 Abs. 3 UmwStG
Steuerpflichtiger muss jährlich nachweisen, dass eingebrachte Anteile gemäß § 22 Abs. 2 UmwStG sowie Anteile gemäß § 22 Abs. 1 Satz 6 Nr. 1 bis 5 UmwStG noch gehalten werden – **Frist:** 31. Mai der Folgejahres für sieben Jahre – **Säumnis:** Verkaufsfiktion der Anteile mit Folgen des § 24 Abs. 5 i. V. m. § 22 Abs. 2 UmwStG (siehe S. 58)

Beachte: Gilt in Beachtung der Voraussetzungen für die gesamte Norm

Bescheinigung – § 24 Abs. 5 i. V. m. § 22 Abs. 5 UmwStG
Bescheinigung der auf Einbringungsgewinn entfallenden und entrichteten Steuer, bspw. für Anwendung des § 23 Abs. 2 UmwStG (*Haase* in Haase/Hofacker, UmwStG, § 24 Rz. 61)

Rechtsnachfolge – § 24 Abs. 5 i. V. m. § 22 Abs. 6 UmwStG
Folgen des § 22 Abs. 2 bis 5 UmwStG gehen bei unentgeltlicher Rechtsnachfolge auf Rechtsnachfolger über (*Haase* in Haase/Hofacker, UmwStG, § 24 Rz. 61)

Mitverstrickung von Anteilen – § 24 Abs. 5 i. V. m. § 22 Abs. 7 UmwStG
Fälle der Gesellschaftsgründung oder Kapitalerhöhung mit Einbezug der erhaltenen bzw. eingebrachten Anteile (*Haase* in Haase/Hofacker, UmwStG, § 24 Rz. 61)

Anteilstausch – Allgemein

Anteilstausch von Anteilen an einer Kapitalgesellschaft ...

Gesamtrechtsnachfolge

Einzelrechtsnachfolge

Ebene des Einbringenden – § 21 Abs. 2 und 3 UmwStG
Regelt die Wertansätze des Einbringenden aus der Einbringung seiner Anteile im Wege des Anteilstausch gegen Gewährung neuer Anteile an der übernehmenden Gesellschaft mit grds. Wertverknüpfung und Ausnahme in § 21 Abs. 2 Satz 2 und 3 UmwStG

Ebene des übernehmenden Rechtsträgers – § 21 Abs. 1 UmwStG
Regelt den Wertansatz der übernommenen Anteile bei dem übernehmenden Rechtsträger – Grundsatz des **Ansatzes mit gemeinem Wert** – § 21 Abs. 1 Satz 1 UmwStG
(einfacher Anteilstausch)
Für Buch- oder Zwischenwertansatz – § 21 Abs. 1 Satz 2 UmwStG
Antragswahlrecht mit weiteren Voraussetzungen für Ansatz des Buchwerts oder eines Zwischenwerts (qualifizierter Anteilstausch)

Buchwert	Zwischenwert	Gemeiner Wert
§ 23 Abs. 1 UmwStG (siehe S. 67)	§ 23 Abs. 1 und 3 UmwStG (siehe S. 67)	§ 23 Abs. 4 UmwStG (siehe S. 67)

Besteuerung der Anteilseigner – § 22 UmwStG
§ 22 UmwStG regelt rückwirkende Besteuerung bei Veräußerung oder schädlicher Verwendung der Anteile durch den Einbringenden durch Einbringungsgewinn II (§ 22 Abs. 2 UmwStG) sowie teilweise aufgrund von Ereignissen im Zusammenhang mit § 22 Abs. 1 Satz 6 und 7 UmwStG

Beachte: Steuerliche Rückwirkung
Kein Verweis auf § 20 Abs. 5 und 6 UmwStG und damit keine Rückwirkungsmöglichkeit für Anteilstausch

Anteilstausch – Einbringender

Einbringender, § 21 Abs. 2 UmwStG
„Person", die die Einbringung der Anteile in die übernehmende Kapitalgesellschaft bewirkt
(*Lübbehüsen/Schütte* in Haase/Hofacker, UmwStG, § 21 Rz. 68 ff.)

Einbringungsgegenstand, § 21 Abs. 1 Satz 1 UmwStG
(*Lübbehüsen/Schütte* in Haase/Hofacker, UmwStG, § 21 Rz. 15 ff.)

Sacheinlage

Gegenleistung
(*Lübbehüsen/Schütte* in Haase/Hofacker, UmwStG, § 21 Rz. 45 ff.)

Anteile an einer Kapitalgesellschaft (oder Genossenschaft)

Gewährung neuer Anteile an der übernehmenden Gesellschaft

Konkret ...
Anteile an inländischen oder ausländischen Kapitalgesellschaft oder Genossenschaft, soweit ausländische Kapitalgesellschaft oder Genossenschaft nach Grundsätzen des Rechtstypenvergleichs einer inländischen Kapitalgesellschaft oder Genossenschaft entspricht; Anteil ist Beteiligung am gezeichneten Kapital

Kommt nicht auf Höhe bzw. Wert an
Wert der Gesellschaftsanteile muss nicht demjenigen des eingebrachten Vermögens entsprechen, es muss jedoch Vorgang der Sachgründung oder Kapitalerhöhung vorliegen
Wechselseitige Beteiligungen sind unschädlich

Rechtsfolge
Veräußerungspreis der eingebrachten Anteile und Anschaffungskosten der erhaltenen Anteile für Einbringenden und im Übrigen allgemeine Verfahrensregeln gegeben sind bzw. Regelungen für den übernehmenden Rechtsträger

Veräußerungspreis und Anschaffungskosten – § 21 Abs. 2 Satz 1 UmwStG
Wert, mit dem übernehmende Gesellschaft die eingebrachten Anteile ansetzt, gilt beim Einbringenden als Veräußerungspreis und Anschaffungskosten der neuen Anteile -steuerliche Wertverknüpfung (*Lübbehüsen/Schütte* in Haase/Hofacker, UmwStG, § 21 Rz. 71 ff.)

Aufgabe der Wertverknüpfung – § 21 Abs. 2 Satz 2 UmwStG
Wenn nach Einbringung kein inländisches Besteuerungsrecht mehr an eingebrachten Anteilen besteht bzw. beschränkt wird oder Gewinnbesteuerung aus Veräußerung erhaltener Anteile beschränkt oder ausgeschlossen wird – Folge: Ansatz gemeiner Wert für Einbringenden als Veräußerungspreis sowie Anschaffungskosten und Versteuerung stiller Reserven
(*Lübbehüsen/Schütte* in Haase/Hofacker, UmwStG, § 21 Rz. 76 ff.)

Rückausnahme zur Wertverknüpfung – § 21 Abs. 2 Satz 3 UmwStG
Wenn Besteuerungsrecht Deutschlands für erhaltene neue Anteile nicht ausgeschlossen oder beschränkt wird oder Art. 8 Abs. 1 Fusionsrichtlinie Anwendung findet – Folge: Rückkehr zur Wertverknüpfung auf Antrag in Grenzen des § 21 Abs. 1 Satz 2 UmwStG
(*Lübbehüsen/Schütte* in Haase/Hofacker, UmwStG, § 21 Rz. 89 ff.)

Begünstigung – § 21 Abs. 3 UmwStG
Anwendung von §§ 17 Abs. 3, 16 Abs. 4 EStG, Ausschluss von § 34 Abs. 1 EStG (*Lübbehüsen/Schütte* in Haase/Hofacker, UmwStG, § 21 Rz. 114 ff.)

§ 21 Abs. 2 Satz 4 UmwStG
Besonderheiten des nach Satz 3 erforderlichen Antrags (*Lübbehüsen/Schütte* in Haase/Hofacker, UmwStG, § 21 Rz. 65)

Beachte: § 21 Abs. 2 Satz 5 UmwStG
Besonderheit wenn eingebrachte Anteile nicht Betriebsvermögen des Einbringenden waren (*Lübbehüsen/Schütte* in Haase/Hofacker, UmwStG, § 21 Rz. 109)

Beachte: § 21 Abs. 2 Satz 6 UmwStG
Verweis auf § 20 Abs. 3 Satz 3 und 4 UmwStG (*Lübbehüsen/Schütte* in Haase/Hofacker, UmwStG, § 21 Rz. 75)

Beachte: Steuerliche Rückwirkung
Kein Verweis auf § 20 Abs. 5 und 6 UmwStG und damit keine Rückwirkungsmöglichkeit für Anteilstausch

Anteilstausch – Übernehmender Rechtsträger

Übernehmende Kapitalgesellschaft – § 21 Abs. 1 UmwStG
Kapitalgesellschaft, die Betrieb, Teilbetrieb oder Mitunternehmeranteil übernimmt (*Lübbehüsen/Schütte* in Haase/Hofacker, UmwStG, § 21 Rz. 29 ff.)

Beachte: Zu den Besonderheiten des § 23 UmwStG siehe S. 67 zusammengefasst für alle Einbringungsvorgänge

Grundsatz
Ansatz mit dem gemeinen Wertes der eingebrachten Anteile – § 21 Abs. 1 Satz 1 UmwStG – Einfacher Anteilstausch mit „Gewinnrealisierung" (*Lübbehüsen/Schütte* in Haase/Hofacker, UmwStG, § 21 Rz. 29 ff.)

Antragswahlrecht (*Lübbehüsen/Schütte* in Haase/Hofacker, UmwStG, § 21 Rz. 45 ff.):
Qualifizierter Anteilstausch mit Buchwertfortführung – § 21 Abs. 1 Satz 2 UmwStG, wenn ...

Deutsches Besteuerungsrecht des eingebrachten Betriebsvermögens nicht ausgeschlossen oder beschränkt (§ 21 Abs. 1 Satz 2 Nr. 1 UmwStG); (*Lübbehüsen/Schütte* in Haase/Hofacker, UmwStG, § 21 Rz. 45 ff.)

\+

Beschränkung der Gewährung sonstiger Gegenleistungen (§ 21 Abs. 1 Satz 2 Nr. 2 UmwStG); (*Lübbehüsen/Schütte* in Haase/Hofacker, UmwStG, § 21 Rz. 45 ff.)
Nicht mehr als...

25 % des Buchwerts des eingebrachten Vermögens (§ 21 Abs. 1 Satz 2 Nr. 2 Buchst. a UmwStG); (siehe S. 82)

oder

500.000 EUR, höchstens Buchwert des eingebrachten Vermögens (§ 21 Abs. 1 Satz 2 Nr. 2 Buchst. b UmwStG); (siehe S. 82)

\+

Antrag spätestens mit Abgabe der steuerlichen Schlussbilanz bei Finanzamt des übernehmenden Rechtsträgers zu stellen (§ 21 Abs. 1 Satz 3 i. V. m. § 20 Abs. 2 Satz 3 UmwStG); (*Lübbehüsen/Schütte* in Haase/Hofacker, UmwStG, § 21 Rz. 58 ff.)

... dann:
Ansatz des Buchwerts oder eines unter dem gemeinen Werts liegenden Zwischenwerts (*Lübbehüsen/Schütte* in Haase/Hofacker, UmwStG, § 21 Rz. 45 ff.)

... soweit nicht erfüllt:
Anwendung des Grundsatzes mit Ansatz des gemeinen Wertes (*Lübbehüsen/Schütte* in Haase/Hofacker, UmwStG, § 21 Rz. 29 ff.)

Beachte: Verhältnisrechnung bei schädlichen sonstigen Gegenleistungen „soweit" Überhang der Grenzen des § 21 Abs. 1 Satz 2 Nr. 2 UmwStG im Verhältnis zum Gesamtwert des Anteilstauschs

Ist nach § 21 Abs. 1 Satz 2 Nr. 2 UmwStG berechneter Mindestansatz für Anteilstausch geringer als gemeine Wert der tatsächlich erhaltenen sonstigen Gegenleistung, geht § 21 Abs. 1 Satz 4 UmwStG insoweit vor und es ist der gemeine Wert der sonstigen Gegenleistung als Mindestbetrag anzusetzen (*Haase* in Haase/Hofacker, UmwStG, § 24 Rz. 65 ff.)

Anteilstausch – Besteuerung der Anteilseigner im Nachgang

Besteuerung der Anteilseigner – § 22 UmwStG
Besteuerung des Anteilseigners im Nachgang der Einbringung wenn erst durch Einbringung Voraussetzungen des § 8b Abs. 2 KStG geschaffen und schädlicher Vorgang (*Wulff-Dohmen* in Haase/Hofacker, UmwStG, § 22 Rz. 220 ff.) – Unmittelbare Folgen der Einbringung für Anteilseigner ergeben sich aus § 21 Abs. 2 und 3 UmwStG

Einbringungsgewinn II – § 22 Abs. 2 UmwStG
Gilt für Anteilstausch gemäß § 21 Abs. 1 Satz 2 UmwStG, soweit Gegenstand der Sacheinlage Kapitalgesellschaftsanteile enthält; **Besteuerung des Einbringungsgewinns II** (siehe S. 220 ff.), wenn Veräußerung oder gleichgestellte Vorgänge (§ 22 Abs. 2 Satz 6 i. V. m. Abs. 1 Satz 6 UmwStG) eingebrachter Anteile durch übernehmende Gesellschaft innerhalb von sieben Jahren nach Buch- oder Zwischenwerteinbringung – Jährliche Verminderung um 1/7 je Zeitjahr

Beachte: Kein Einbringungsgewinn I im Anwendungsbereich des § 21 UmwStG, da dieser nur auf Betrieb, Teilbetrieb und Mitunternehmeranteil abzielt

Nachweispflicht – § 22 Abs. 3 UmwStG
Steuerpflichtiger muss jährlich nachweisen, dass eingebrachte Anteile gemäß § 22 Abs. 2 UmwStG sowie Anteile gemäß § 22 Abs. 2 Satz 6 i. V. m. § 22 Abs. 1 Satz 6 UmwStG noch gehalten werden – **Frist:** 31. Mai der Folgejahres für sieben Jahre – **Säumnis:** Verkaufsfiktion der Anteile mit Folgen des § 22 Abs. 2 UmwStG (*Wulff-Dohmen* in Haase/Hofacker, UmwStG, § 22 Rz. 410 ff.)

Beachte: Gilt in Beachtung der Voraussetzungen für die gesamte Norm

Bescheinigung – § 22 Abs. 5 UmwStG
Bescheinigung der auf Einbringungsgewinn entfallenden und entrichteten Steuer, bspw. für Anwendung des § 23 Abs. 2 UmwStG (*Wulff-Dohmen* in Haase/Hofacker, UmwStG, § 22 Rz. 459 ff.)

Rechtsnachfolge – § 22 Abs. 6 UmwStG
Folgen des § 22 Abs. 2 bis 5 UmwStG gehen bei unentgeltlicher Rechtsnachfolge auf Rechtsnachfolger über (*Wulff-Dohmen* in Haase/Hofacker, UmwStG, § 22 Rz. 467 ff.)

Mitverstrickung von Anteilen – § 22 Abs. 7 UmwStG
Fälle der Gesellschaftsgründung oder Kapitalerhöhung mit Einbezug der erhaltenen bzw. eingebrachten Anteile (*Wulff-Dohmen* in Haase/Hofacker, UmwStG, § 22 Rz. 479 ff.)

Beachte: Brexit-Regelung – § 22 Abs. 8 UmwStG
Sonderregelung für Ersatzrealisationstatbestand in § 22 Abs. 2 Satz 6 i. V. m. § 22 Abs. 1 Satz 6 Nr. 6 UmwStG, um zu verhindern, dass bloßer Brexit zu Ersatzrealisation führt (*Wulff-Dohmen* in Haase/Hofacker, UmwStG, § 22 Rz. 499 ff.)

Einbringungsvorgänge – Besonderheiten für die übernehmende Gesellschaft gemäß § 23 UmwStG

Auswirkungen der Einbringung von Unternehmensteilen in Kapitalgesellschaft oder Genossenschaft oder bei Anteilstausch für übernehmende Gesellschaft – § 23 UmwStG
Grds. für §§ 20, 21, 22, 24 und 25 UmwStG anwendbar
(*Biesold* in Haase/Hofacker, UmwStG, § 23 Rz. 1 ff.)

Sonderregelung für Ansatz Buchwert und Zwischenwert – § 23 Abs. 1 UmwStG
Verweis auf § 4 Abs. 2 Satz 3 UmwStG und § 12 Abs. 3 HS. 1 UmwStG Besitzzeitanrechnung und Eintritt der übernehmenden Gesellschaft in Rechtsstellung des Einbringenden
gilt für Buchwertfortführung und Ansatz des Zwischenwerts
(*Biesold* in Haase/Hofacker, UmwStG, § 23 Rz. 3 ff.)

Sonderregelung für Zwischenwertansatz – § 23 Abs. 3 UmwStG
Anpassung des Eintritts in Rechtstellung des Einbringenden hinsichtlich AfA Bemessungsgrundlage gegenüber § 23 Abs. 1 UmwStG – § 23 Abs. 3 Satz 1 UmwStG
Anpassung AfA Bemessungsgrundlage nach Aufstockung gemäß § 23 Abs. 2 UmwStG – § 23 Abs. 3 Satz 1 UmwStG
(*Biesold* in Haase/Hofacker, UmwStG, § 23 Rz. 91 ff.)

Sonderregelung für Ansatz gemeiner Wert – § 23 Abs. 4 UmwStG
Eingebrachte Wirtschaftsgüter gelten im Zeitpunkt der Einbringung als angeschafft, wenn Einbringung als Einzelrechtsnachfolge
Einbringung als Gesamtrechtsnachfolge folgt zu entsprechende Anwendung der Regelungen zum Zwischenwertansatz
(*Biesold* in Haase/Hofacker, UmwStG, § 23 Rz. 103 ff.)

Aufstockung bei Einbringungsgewinn – § 23 Abs. 2 UmwStG
Bei Einbringungsgewinn I oder II wird unter bestimmten Voraussetzungen Verdoppelung der stillen Reserven vermieden;
Im Fall nachträglich gewinnrealisierender Einbringungen gemäß § 22 UmwStG wird auf Ebene der übernehmenden Gesellschaft unter weiteren Voraussetzungen der Buchwert und die Anschaffungskosten übernommener Wirtschaftsgüter um Erhöhungsbetrag aufgestockt
(*Biesold* in Haase/Hofacker, UmwStG, § 23 Rz. 46 ff.)

Beachte: § 23 Abs. 2 und 5 UmwStG sind für § 24 UmwStG nicht anzuwenden
(*Haase* in Haase/Hofacker, UmwStG, § 24 Rz. 55 ff.)

Gewerbesteuerlicher Verlustvortrag – § 23 Abs. 5 UmwStG
(*Biesold* in Haase/Hofacker, UmwStG, § 23 Rz. 120 ff.)
Maßgebende Gewerbeertrag der übernehmenden Gesellschaft darf nicht um vortragsfähige Fehlbeträge des Einbringenden gemäß § 10a GewStG gekürzt werden – Ausschluss Übergang eines gewerbesteuerlichen Verlustvortrags

Verweis zu § 6 Abs. 1 und 3 UmwStG – § 23 Abs. 6 UmwStG
(*Biesold* in Haase/Hofacker, UmwStG, § 23 Rz. 126 ff.)
§ 6 Abs. 1 UmwStG: Übernehmende Gesellschaft darf für Konfusionsgewinn steuerlichen Gewinn mindernde Rücklage bilden; Auflösung gewinnerhöhend über drei Wirtschaftsjahre
(*Behrendt* in Haase/Hofacker, UmwStG, § 6 Rz. 1 ff.);
§ 6 Abs. 3 UmwStG: Rückwirkender Entfall Rücklagenbildung, wenn übernehmende Gesellschaft übertragenen Betrieb innerhalb fünf Jahre nach steuerlichen Übertragungsstichtag in Kapitalgesellschaft einbringt oder ohne triftigen Grund veräußert oder aufgibt (*Behrendt* in Haase/Hofacker, UmwStG, § 6 Rz. 1 ff.)

Formwechsel – Grundlagen

Möglichkeiten des Formwechsels
Formwechsel: Rechtsform einer Gesellschaft wird identitätswahrend in eine andere Rechtsform gewandelt. Erfolgt i. d. R. durch Formwechsel von Personengesellschaft in Kapitalgesellschaft und Kapitalgesellschaft in Personengesellschaft

Formwechsel einer Kapitalgesellschaft in eine Personengesellschaft

Eine Kapitalgesellschaft wird in eine Personengesellschaft formgewandelt, wobei fiktiv verfahren wird, wie bei der Verschmelzung einer Kapitalgesellschaft auf eine Personengesellschaft

§ 9 UmwStG

Zweiter Teil des UmwStG mit Verweis auf die §§ 3 bis 8 und 10 UmwStG
(siehe S. 33 ff.)

(siehe S. 33 ff. und ab *Dorn* in Haase/Hofacker, UmwStG, § 9 Rz. 1)

Formwechsel einer Personengesellschaft in eine Kapitalgesellschaft

Eine Personengesellschaft wird in eine Kapitalgesellschaft formgewandelt, wobei fiktiv verfahren wird, wie bei der Einbringung eines Betriebs, Teilbetriebs oder Mitunternehmeranteils in eine Kapitalgesellschaft gegen die Gewährung neuer Anteile an dieser Gesellschaft

§ 25 UmwStG

Achter Teil des UmwStG mit Verweis auf den Sechsten Teil des UmwStG §§ 20 bis 23 UmwStG
(siehe S. 54 ff.)

(siehe S. 54 ff. und ab *Arjes* in Haase/Hofacker, UmwStG, § 25 Rz. 1)

Beachte: Der umwandlungssteuerliche Anwendungsbereich ergibt sich aus § 1 Abs. 1 Satz 1 Nr. 2 UmwStG und rekurriert auf das UmwG (siehe S. 4)

Beachte: Der umwandlungssteuerliche Anwendungsbereich ergibt sich aus § 1 Abs. 3 Nr. 3 UmwStG und rekurriert auf das UmwG (siehe S. 5)

Beachte: Durch den neuen § 1a KStG wurde mit der Option zur Körperschaftbesteuerung ein fiktiver Formwechsel-Tatbestand ermöglicht, welcher sich an § 1 Abs. 3 Nr. 3 UmwStG i. V. m. §§ 1 und 25 UmwStG orientiert

Formwechsel einer Kapitalgesellschaft – Allgemein

Formwechsel einer Kapitalgesellschaft in eine Personengesellschaft

Ebene des „übertragenden Rechtsträgers" – § 9 Satz 1 i. V. m. § 3 UmwStG (siehe S. 70)
Regelt die Wertansätze in der steuerlichen Schlussbilanz der Kapitalgesellschaft als „übertragenden Rechtsträger" (formwandelnde Gesellschaft) – Differenzierung zwischen Grundsatz des Ansatzes des gemeinen Wertes und Antragswahlrecht des Buch- und Zwischenwertansatzes

Ebene des „übernehmenden Rechtsträgers" – § 9 Satz 1 i. V. m. § 4 UmwStG (siehe S. 71)
Regelt die Auswirkungen auf den Gewinn der „neuen" formgewandelten Personengesellschaft als „übernehmenden Rechtsträger" – Darlegung der Wertverknüpfung und der Folgen hinsichtlich Rechtsstellung aber auch Gewinn- und Verlust aus der Übertragung

Ebene der Anteilseigner des „übertragenden Rechtsträgers" – Gewinnermittlung – § 9 Satz 1 i. V. m. § 5 UmwStG (siehe S. 72)
Regelt die Auswirkungen auf die Übernahmeergebnisermittlung hinsichtlich der Beteiligung an der formwandelnden Gesellschaft

Beachte: Gilt in Beachtung der Voraussetzungen für den gesamten Vorgang der Verschmelzung

Konfusion von Forderungen und Verbindlichkeiten – § 9 Satz 1 i. V. m. § 6 UmwStG
Zusammentreffen von Forderung und korrespondierender Verbindlichkeit bei übernehmender Gesellschaft und Behandlung des Gewinns daraus (siehe S. 26 und *Behrendt* in Haase/Hofacker, UmwStG, § 6 Rz. 1)

Besteuerung offener Einlagen – § 9 Satz 1 i. V. m. § 7 UmwStG
Besteuerung der Umwandlung nach dem Gedanken der fiktiven Totalausschüttung des übertragenden Rechtsträgers (*Haase* in Haase/Hofacker, UmwStG, § 7 Rz. 1)

Besonderheiten sofern kein Betriebsvermögen entsteht – § 9 Satz 1 i. V. m. § 8 UmwStG
Regelt die Fälle, in denen der übernehmende Rechtsträger nur vermögensverwaltend tätig ist (*Geils* in Haase/Hofacker, UmwStG, § 8 Rz. 1)

Beachte: Bilanzielle Abbildung durch Übertragungsbilanz und Eröffnungsbilanz mit bis zu achtmonatiger steuerlicher Rückwirkung, § 9 Satz 2 und 3 UmwStG (siehe S. 16 ff.)

Formwechsel einer Kapitalgesellschaft – „Übertragender Rechtsträger“

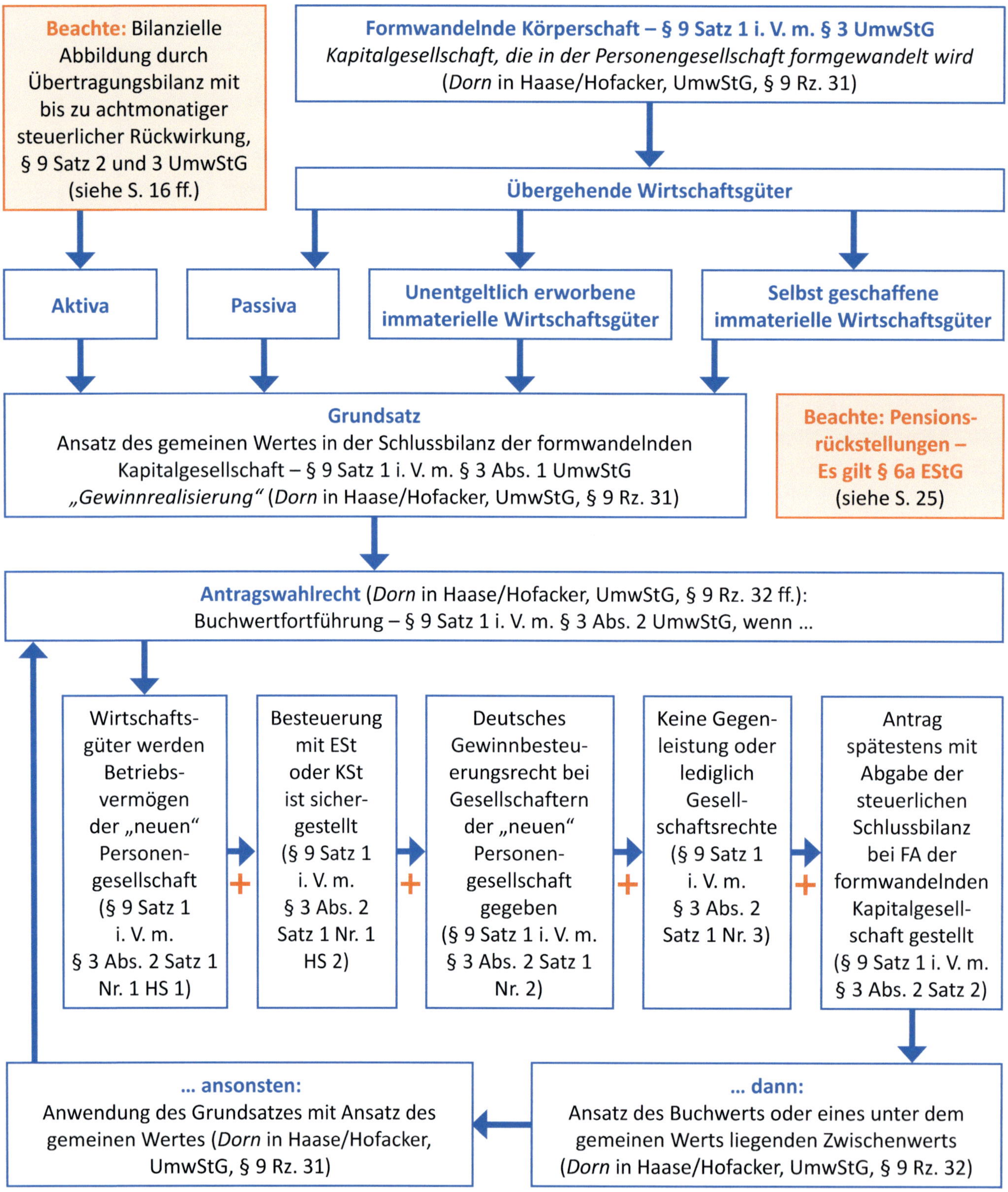

Beachte: Unterhalten einer Anrechnungsbetriebsstätte der übertragenden Gesellschaft in EU-Mitgliedstaat, § 9 Satz 1 i. V. m. § 3 Abs. 3 UmwStG

Formwechsel einer Kapitalgesellschaft – „Übernehmender Rechtsträger“

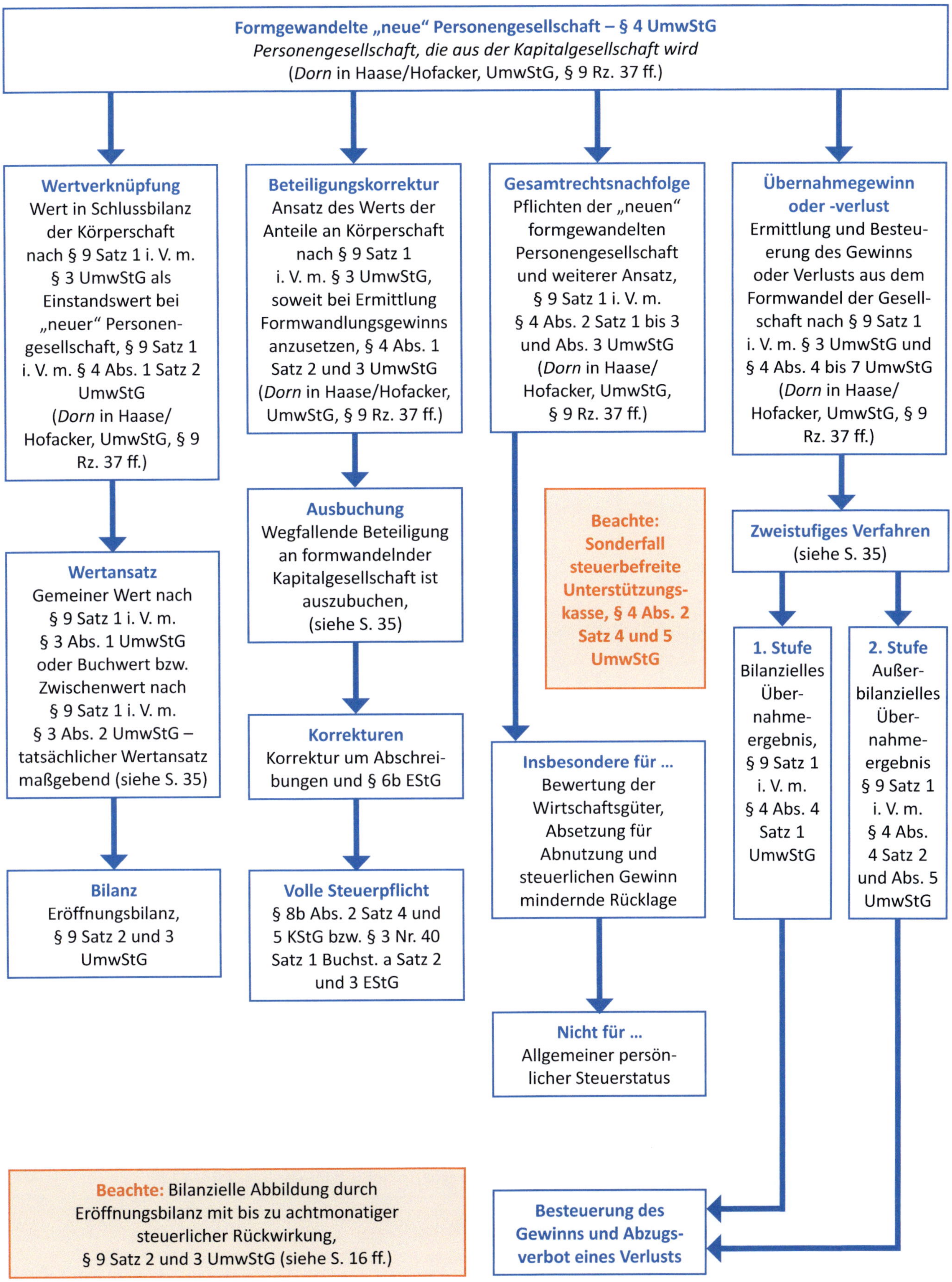

Formwechsel einer Kapitalgesellschaft – Ebene der Anteilseigner

Anteilseigner – § 9 Satz 1 i. V. m. § 5 UmwStG
Personen, die an der formwechselnden Körperschaft beteiligt sind
(*Dorn* in Haase/Hofacker, UmwStG, § 9 Rz. 51 ff.)

Rückbeziehungsfiktion
Anteile, die der Anteilseigner der „neuen" formgewandelten Personengesellschaft erst nach Übertragungsstichtag anschafft oder auf die er nach Übertragungsstichtag Anschaffungskosten in Form von Abfindungen aufwendet, gelten für Zwecke der Ermittlung des Übernahmegewinns als bereits am Übertragungsstichtag angeschafft, Abs. 1 (*Dorn* in Haase/Hofacker, UmwStG, § 9 Rz. 51 ff.)

Nachträgliche Anschaffung der Anteilseigener der „neuen" Personengesellschaft, § 9 Satz 1 i. V. m. § 5 Abs. 1 1. Alt. UmwStG (siehe S. 36)

Abfindung ausscheidender Gesellschafter der „alten" Kapitalgesellschaft, § 9 Satz 1 i. V. m. § 5 Abs. 1 2. Alt. UmwStG (siehe S. 36)

Gilt soweit Gesellschafter an übernehmender Gesellschaft noch nicht beteiligt ist

Einlagefiktion bei Privatvermögen
Anteile i. S. d. § 17 EStG, die am Übertragungsstichtag zum Privatvermögengehören, gelten für Zwecke der Ermittlung des Übernahmeergebnisses in das Betriebsvermögen der „neuen" formgewandelten Personengesellschaft eingelegt; die Einlage gilt als zum Übertragungsstichtag mit den Anschaffungskosten bewirkt, Abs. 2 (*Dorn* in Haase/Hofacker, UmwStG, § 9 Rz. 51 ff.)

Ermittlung des Übernahmegewinns aus fiktiver Einlagen
nach § 9 Satz 1 i. V. m. § 4 Abs. 4 ff. UmwStG, sofern Anteile an „alter" Kapitalgesellschaft vorher Privatvermögen (siehe S. 36)

Überführungsfiktion bei Betriebsvermögen
Es gelten auch die zu einem Betriebsvermögendes Gesellschafters der „neuen" formgewandelten Personengesellschaft gehörenden Anteile für Zwecke der Ermittlung des Übernahmeergebnisses als zum Übertragungsstichtag mit dem Buchwert in das Betriebsvermögen der „neuen" Personengesellschaft überführt, Abs. 3 (*Dorn* in Haase/Hofacker, UmwStG, § 9 Rz. 51 ff.)

Ermittlung des Übernahmegewinns aus Überführung
nach § 9 Satz 1 i. V. m. § 4 Abs. 4 ff. UmwStG, sofern Anteile an „alter" Kapitalgesellschaft vorher Betriebsvermögen; (siehe S. 36)

Einschränkung
Gesellschafter muss durch Umwandlung Mitunternehmer der „neuen" Personengesellschaft werden

Gilt soweit Gesellschafter an übernehmender Gesellschaft bereits beteiligt ist

Besteuerung offener Einlagen – § 9 Satz 1 i. V. m. § 7 UmwStG
Besteuerung der Umwandlung nach dem Gedanken der fiktiven Totalausschüttung der „alten" Kapitalgesellschaft (*Dorn* in Haase/Hofacker, UmwStG, § 9 Rz. 47 ff.)

Beachte: Gilt auch, wenn Vermögensübergang nicht in ein Betriebsvermögen erfolgt, § 9 Satz 1 i. V. m. § 8 Abs. 1 Satz 2 UmwStG (*Geils* in Haase/Hofacker, UmwStG, § 8 Rz. 1 ff.)

Formwechsel einer Personengesellschaft – Allgemein

Formwechsel einer Personengesellschaft in eine Kapitalgesellschaft (oder Genossenschaft)

Beachte: Durch den neuen § 1a KStG wurde mit der Option zur Körperschaftbesteuerung ein fiktiver Formwechsel-Tatbestand ermöglicht, welcher sich an § 1 Abs. 3 Nr. 3 UmwStG i. V. m. §§ 1 und 25 UmwStG orientiert

Ebene des „Einbringenden" – § 25 Satz 1 UmwStG i. V. m. § 20 Abs. 1, 3 und 4 UmwStG (siehe S. 74)
Regelt die Wertansätze des „Einbringenden" aus dem Formwechsel für die erhaltenen Anteile mit Wertverknüpfung

Ebene des „übernehmenden Rechtsträgers" – § 25 Satz 1 UmwStG i. V. m. § 20 Abs. 2 UmwStG (siehe S. 75)
Regelt den Wertansatz der übernommenen Wirtschaftsgüter bei dem „übernehmenden Rechtsträger" – Grundsatz des Ansatzes mit gemeinem Wert – § 25 Satz 1 UmwStG i. V. m. § 20 Abs. 2 Satz 1 UmwStG;
Für Buch- oder Zwischenwertansatz – § 25 Satz 1 UmwStG i. V. m. § 20 Abs. 2 Satz 2 UmwStG;
Antragswahlrecht mit weiteren Voraussetzungen für Ansatz des Buchwerts oder eines Zwischenwerts

Beachte: § 25 Satz 2 UmwStG Entsprechende Anwendung des § 9 Satz 2 und 3 UmwStG – mithin steuerliche Rückwirkung mit Acht-Monats-Frist

- Buchwert – § 25 Satz 1 UmwStG i. V. m. § 23 Abs. 1 UmwStG (siehe S. 67)
- Zwischenwert – § 25 Satz 1 UmwStG i. V. m. § 23 Abs. 1 und 3 UmwStG (siehe S. 67)
- Gemeiner Wert – § 25 Satz 1 UmwStG i. V. m. § 23 Abs. 4 UmwStG (siehe S. 67)

Besteuerung der Anteilseigner – § 25 Satz 1 UmwStG i. V. m. § 22 UmwStG (siehe S. 76)
§ 25 Satz 1 UmwStG i. V. m. § 22 UmwStG regelt rückwirkende Besteuerung bei Veräußerung oder schädlicher Verwendung der Anteile durch den Einbringenden durch Einbringungsgewinn I (§ 25 Satz 1 UmwStG i. V. m. § 22 Abs. 1 UmwStG) und Einbringungsgewinn II (§ 25 Satz 1 UmwStG i. V. m. § 22 Abs. 2 UmwStG)

Beachte: Gilt in Beachtung der Voraussetzungen für den gesamten Vorgang der Einbringung

- **Steuerliche Rückwirkung** – § 25 Satz 1 i. V. m. § 20 Abs. 5 und 6 UmwStG eröffnet Rückwirkungsmöglichkeit für Einbringung (*Arjes* in Haase/Hofacker, UmwStG, § 25 Rz. 11)
- **Einbringung einer in anderen Mitgliedstaat belegenen Betriebsstätte** – § 25 Satz 1 i. V. m. § 20 Abs. 7 i. V. m. § 3 Abs. 3 UmwStG (*Arjes* in Haase/Hofacker, UmwStG, § 25 Rz. 11)
- **Einbringung einer oder durch eine in anderen Mitgliedstaat ansässige Gesellschaft** – § 25 Satz 1 i. V. m. § 20 Abs. 8 UmwStG (*Arjes* in Haase/Hofacker, UmwStG, § 25 Rz. 11)
- **Wegfall Zinsvortrag und EBITDA-Vortrag** – § 25 Satz 1 i. V. m. § 20 Abs. 9 UmwStG (*Arjes* in Haase/Hofacker, UmwStG, § 25 Rz. 11)

Formwechsel einer Personengesellschaft – „Übertragender Rechtsträger"

„Einbringender", § 25 Satz 1 i. V. m. § 20 Abs. 1 UmwStG
Personengesellschaft, die in eine Kapitalgesellschaft formgewandelt werden soll
(*Arjes* in Haase/Hofacker, UmwStG, § 25 Rz. 1 ff.)

„Einbringungsgegenstand" analog … ⟷ Formwandel ⟷ **Gegenleistung für Formwandel**

Betrieb (siehe S. 78)

Teilbetrieb (siehe S. 79 f.)

Mitunternehmeranteil (siehe S. 81)

Nicht erfasst …
Einzelne betriebliche Wirtschaftsgüter
Wirtschaftsgüter, die keinen (Teil-)betrieb oder Mitunternehmeranteil darstellen
Privatvermögen

Muss sich letztlich um alle funktional wesentlichen Betriebsgrundlagen handeln
(siehe S. 83)

Gewährung neuer Anteile an der übernehmenden Gesellschaft

Neuheit der Anteile
Anteile müssen anlässlich des Formwechsel ausgegeben werden; Gewährung nicht erforderlich für Sonderbetriebsvermögen

Beachte:
§ 25 Satz 2 UmwStG
Entsprechende Anwendung des § 9 Satz 2 und 3 UmwStG – mithin steuerliche Rückwirkung mit Acht-Monats-Frist

Rechtsfolge (*Arjes* in Haase/Hofacker, UmwStG, § 25 Rz. 41)
Anwendung des § 25 Satz 1 i. V. m. § 20 Abs. 2 bis 9 UmwStG, wobei für den „Einbringenden" insbesondere die Absätze 3 und 4 von erheblicher Bedeutung sind und im Übrigen allgemeine Verfahrensregeln gegeben sind

Veräußerungspreis und Anschaffungskosten, § 25 Satz 1 i. V. m. § 20 Abs. 3 UmwStG
Wertverknüpfung zwischen Ansatz bei der „neuen" formgewandelten Kapitalgesellschaft und Veräußerungspreis des „Einbringenden" bzw. dessen Anschaffungskosten für neue Anteile

Begünstigung eines etwaigen Gewinns – § 25 Satz 1 i. V. m. § 20 Abs. 4 UmwStG
Bei Ansatz des Zwischenwerts oder gemeinen Wert entsteht Veräußerungsgewinn für „Einbringenden", welcher unter Voraussetzungen des § 16 Abs. 4 i. V. m. § 34 Abs. 1 und 3 EStG steuerlich begünstigt ist sofern Ansatz des gemeinen Wert erfolgt
Einschränkung: Veräußerungsgewinn darf nicht Teileinkünfteverfahren unterfallen

Beachte: Hinsichtlich der Anwendung des § 25 Satz 1 i. V. m. § 20 Abs. 5 bis 9 UmwStG kann auf S. 55 verwiesen werden

Beachte: § 25 Satz 2 UmwStG
Entsprechende Anwendung des § 9 Satz 2 und 3 UmwStG – mithin steuerliche Rückwirkung mit Acht-Monats-Frist

Formwechsel einer Personengesellschaft – „Übernehmender Rechtsträger“

Beachte: Zu den Besonderheiten des § 23 UmwStG siehe S. 67 zusammengefasst für alle Einbringungsvorgänge

„Übernehmende“ Kapitalgesellschaft – § 25 Satz 1 i. V. m. § 20 Abs. 2 UmwStG
Kapitalgesellschaft, die nach der Formwandlung verbleibt (*Arjes* in Haase/Hofacker, UmwStG, § 25 Rz. 11 ff.)

↓

Grundsatz
Ansatz mit dem gemeinen Wertes des eingebrachten Betriebsvermögens – § 25 Satz 1 i. V. m. § 20 Abs. 2 Satz 1 UmwStG
„Gewinnrealisierung“ (*Arjes* in Haase/Hofacker, UmwStG, § 25 Rz. 41)

Beachte: Pensionsrückstellungen – Es gilt § 6a EStG
(*Arjes* in Haase/Hofacker, UmwStG, § 25 Rz. 41)

↓

Antragswahlrecht (*Arjes* in Haase/Hofacker, UmwStG, § 25 Rz. 41):
Buchwertfortführung – § 25 Satz 1 i. V. m. § 20 Abs. 2 Satz 2 UmwStG, wenn ...

↓

Sicherstellung der späteren KSt-Besteuerung des eingebrachten Vermögens bei „neuer“ formgewandelter Körperschaft (§ 20 Abs. 2 Satz 2 Nr. 1 UmwStG)

\+

Passivposten des eingebrachten Vermögens nicht höher als Aktivposten (§ 25 Satz 1 i. V. m. § 20 Abs. 2 Satz 2 Nr. 2 UmwStG)

\+

Deutsches Besteuerungsrecht für Veräußerungsgewinn nicht ausgeschlossen oder beschränkt (§ 25 Satz 1 i. V. m. § 20 Abs. 2 Satz 2 Nr. 3 UmwStG)

\+

Möglich, aber praktisch nicht die Regel ....

Beschränkung der Gewährung sonstiger Gegenleistungen (§ 24 Satz 1 i. V. m. § 20 Abs. 2 Satz 2 Nr. 4 UmwStG);
Nicht mehr als ...

25 % des Buchwerts des eingebrachten Vermögens (§ 25 Satz 1 i. V. m. § 20 Abs. 2 Satz 2 Nr. 4 Buchst. a UmwStG)

oder

500.000 EUR, höchstens Buchwert des eingebrachten Vermögens (§ 25 Satz 1 i. V. m. § 20 Abs. 2 Satz 2 Nr. 4 Buchst. b UmwStG)

\+

Antrag spätestens mit Abgabe der steuerlichen Schlussbilanz bei Finanzamt der „neuen“ formgewandelten Kapitalgesellschaft zu stellen (§ 25 Satz 1 i. V. m. § 20 Abs. 2 Satz 3 UmwStG);
(*Arjes* in Haase/Hofacker, UmwStG, § 25 Rz. 41)

↓

... soweit nicht erfüllt:
Anwendung des Grundsatzes mit Ansatz des gemeinen Wertes
(*Arjes* in Haase/Hofacker, UmwStG, § 25 Rz. 41)

... dann:
Ansatz des Buchwerts oder eines unter dem gemeinen Werts liegenden Zwischenwerts
(*Arjes* in Haase/Hofacker, UmwStG, § 25 Rz. 41)

Möglich, aber praktisch nicht die Regel ....

Beachte: Verhältnisrechnung bei schädlichen sonstigen Gegenleistungen „soweit“ Überhang der Grenzen des § 25 Satz 1 i. V. m. § 20 Abs. 2 Satz 2 Nr. 4 UmwStG im Verhältnis zum Gesamtwert der Sacheinlage

Ist nach § 25 Satz 1 i. V. m. § 20 Abs. 2 Satz 2 Nr. 4 UmwStG berechneter Mindestansatz für Sacheinlage geringer als gemeine Wert der tatsächlich erhaltenen sonstigen Gegenleistung, geht § 25 Satz 1 i. V. m. § 20 Abs. 2 Satz 4 UmwStG insoweit vor und es ist der gemeine Wert der sonstigen Gegenleistung als Mindestbetrag anzusetzen
(*Arjes* in Haase/Hofacker, UmwStG, § 25 Rz. 41)

Formwechsel einer Personengesellschaft – Besteuerung der Anteilseigner im Nachgang

Besteuerung der Anteilseigner – § 25 Satz 1 i. V. m. § 22 UmwStG
Besteuerung des Anteilseigners im Nachgang des Formwechsels (*Arjes* in Haase/Hofacker, UmwStG, § 25 Rz. 11 ff.) – Unmittelbare Folgen des Formwechsels für Anteilseigner ergeben sich aus § 25 Satz 1 i. V. m. § 20 Abs. 3 bis Abs. 8 UmwStG (siehe S. 55)

Einbringungsgewinn I – § 25 Satz 1 i. V. m. § 22 Abs. 1 UmwStG
Gilt für Sacheinlage gemäß § 20 Abs. 1 UmwStG (siehe S. 56), soweit Gegenstand der Sacheinlage nicht auch Kapitalgesellschaftsanteile enthält; Besteuerung des Einbringungsgewinns I (siehe S. 85), wenn Veräußerung oder gleichgestellte Vorgänge (§ 22 Abs. 1 Satz 6 UmwStG) der erhaltenen Anteile an „neuer" formgewandelter Personengesellschaft nach § 20 Abs. 1 i. V. m. Abs. 2 Satz 2 UmwStG innerhalb von sieben Jahren nach Einbringung (*Arjes* in Haase/Hofacker, UmwStG, § 25 Rz. 11 ff.) – Jährliche Verminderung um 1/7 je Zeitjahr

Einbringungsgewinn II – § 25 Satz 1 i. V. m. § 22 Abs. 2 UmwStG
Gilt für Sacheinlage gemäß § 20 Abs. 1 UmwStG (siehe S. 56), soweit Gegenstand der Sacheinlage Kapitalgesellschaftsanteile enthält; Besteuerung des Einbringungsgewinns II (siehe S. 86), wenn Veräußerung oder gleichgestellte Vorgänge (§ 22 Abs. 2 Satz 6 i. V. m. Abs. 1 Satz 6 UmwStG) eingebrachter Anteile durch übernehmende Gesellschaft innerhalb von sieben Jahren nach Buch-oder Zwischenwerteinbringung (*Arjes* in Haase/Hofacker, UmwStG, § 25 Rz. 11 ff.) – Jährliche Verminderung um 1/7 je Zeitjahr

Nachweispflicht – § 25 Satz 1 i. V. m. § 22 Abs. 3 UmwStG
Steuerpflichtiger muss jährlich nachweisen, dass erhaltene Anteile gemäß § 25 Satz 1 i. V. m. § 22 Abs. 1 UmwStG und eingebrachte Anteile gemäß § 25 Satz 1 i. V. m. § 22 Abs. 2 UmwStG sowie Anteile gemäß § 22 Abs. 1 Satz 6 und § 22 Abs. 2 Satz 6 UmwStG noch gehalten werden – **Frist:** 31. Mai des Folgejahres für sieben Jahre – **Säumnis:** Verkaufsfiktion der Anteile mit Folgen des § 25 Satz 1 i. V. m. § 22 Abs. 1 und 2 UmwStG (*Arjes* in Haase/Hofacker, UmwStG, § 25 Rz. 11 ff.)

Besondere Gesellschaften – § 25 Satz 1 i. V. m. § 22 Abs. 4 UmwStG
Steuerverhaftung von erhaltenen Anteilen gemäß § 25 Satz 1 i. V. m. § 22 Abs. 1 UmwStG bei juristischen Personen der öffentlichen Rechts und steuerbefreiten Körperschaften

Beachte: Gilt in Beachtung der Voraussetzungen für die gesamte Norm

Bescheinigung – § 25 Satz 1 i. V. m. § 22 Abs. 5 UmwStG
Bescheinigung der auf Einbringungsgewinn entfallenden und entrichteten Steuer, bspw. für Anwendung des § 23 Abs. 2 UmwStG

Rechtsnachfolge – § 25 Satz 1 i. V. m. § 22 Abs. 6 UmwStG
Folgen des § 25 Satz 1 i. V. m. § 22 Abs. 1 bis 5 UmwStG gehen bei unentgeltlicher Rechtsnachfolge auf Rechtsnachfolger über

Mitverstrickung von Anteilen – § 25 Satz 1 i. V. m. § 22 Abs. 7 UmwStG
Fälle der Gesellschaftsgründung oder Kapitalerhöhung mit Einbezug der erhaltenen bzw. eingebrachten Anteile

Beachte: Brexit-Regelung – § 25 Satz 1 i. V. m. § 22 Abs. 8 UmwStG
Sonderregelung für Ersatzrealisationstatbestände in § 22 Abs. 1 Satz 6 Nr. 6 und § 22 Abs. 2 Satz 6 UmwStG, um zu verhindern, dass bloßer Brexit zu Ersatzrealisation führt (*Arjes* in Haase/Hofacker, UmwStG, § 25 Rz. 11 ff.)

3. Steuerliche Spezifika bei Umwandlungs-vorgängen

Begriff des Betriebs

Betriebs

Betrieb
Der „Betrieb" stellt einen der wesentlichen Einbringungsgegenstände des Sechsten bis Achten Teils des UmwStG dar – Der Begriff ist dabei normenspezifisch auszulegen (*Hofacker* in Haase/Hofacker, UmwStG, § 20 Rz. 49 ff.)

Einkünfteerzielung
Nicht relevant, welche Art von Einkünften mit dem einzubringenden Betrieb erzielt wird (*Hofacker* in Haase/Hofacker, UmwStG, § 20 Rz. 49)

Art der Gewinnermittlung
Nicht relevant, welche Art der Gewinnermittlung für einzubringenden Betrieb angewendet wird (*Hofacker* in Haase/Hofacker, UmwStG, § 20 Rz. 49)

Zeitliche Einordnung
Betrieb, der werbende Tätigkeit noch nicht aufgenommen hat und sich im Aufbau befindet kommt infrage (*Hofacker* in Haase/Hofacker, UmwStG, § 20 Rz. 49)

Bedingung
Wesentliche Betriebsgrundlagen müssen vorhanden sein selbständig lebensfähiger Betriebsorganismus muss entstehen (*Hofacker* in Haase/Hofacker, UmwStG, § 20 Rz. 49)

Umfang der Einbringung

Einbringung der wesentlichen Betriebsgrundlagen
Übertragung aller funktional wesentlichen Betriebsgrundlagen im Wege der Vollübertragung oder nach h. M. der Verschaffung des wirtschaftlichen Eigentums (*Hofacker* in Haase/Hofacker, UmwStG, § 20 Rz. 50 ff.)

Zurückbehalt wesentlicher Betriebsgrundlagen
Schädlich für Anwendung des Betriebsbegriffs und damit der Einbringungsvorgänge (*Hofacker* in Haase/Hofacker, UmwStG, § 20 Rz. 55 ff.und S. 83)

Folge
Einbringung nur noch für Einzelwirtschaftsgüter unter Aufdeckung stiller Reserven möglich (*Hofacker* in Haase/Hofacker, UmwStG, § 20 Rz. 49 ff.)

Ausnahme
Zurückbehalt Anteile an Übernehmerin unter bestimmten Voraussetzungen

Zurückbehalt unwesentlicher Betriebsgrundlagen
Unschädlich mit Folgen für Besteuerung bei Einbringendem nach späterer Verwendung (*Hofacker* in Haase/Hofacker, UmwStG, § 20 Rz. 57 und S. 83)

Zeitpunkt: Tatsächliche Einbringung durch Übertragung des (wirtschaftlichen) Eigentums bzw. Abschlusses eines dinglichen Einbringungsvertrags

Beachte: Verschiedenste Einzelfälle können insoweit abgegrenzt werden (*Hofacker* in Haase/Hofacker, UmwStG, § 20 Rz. 49 ff.)

Begriff des Teilbetriebs

Teilbetrieb

Grundlagen des Teilbetriebsbegriffs sind bereits auf S. 28 dargestellt. An dieser Stelle soll die Differenzierung zwischen nationalem und europäischen Teilbetriebsbegriff vertieft werden – dabei wird auf den konkreten Vergleich eingegangen

Nationaler Teilbetriebsbegriff	Europäischer Teilbetriebsbegriff
Merkmal der Funktionsfähigkeit	
Mit Selbständigkeit und Lebensfähigkeit gibt es zwei unterschiedliche Begriffe zur Abgrenzung des Teilbetriebs von anderen Betriebsteilen	Keine Trennung sondern lediglich Selbständigkeit bzw. Funktionsfähigkeit maßgebend – Funktionsfähigkeit ergibt, dass 100 %-Beteiligung an Kapitalgesellschaft kein Teilbetrieb gemäß Fusionsrichtlinie ist
Zuordnung von Wirtschaftsgütern	
Differenzierung zwischen wesentlichen und unwesentlichen Wirtschaftsgütern – quantitativ wesentliche Wirtschaftsgüter ohne Bedeutung, soweit nicht ebenfalls funktional wesentliche Betriebsgrundlage	Einteilung der Wirtschaftsgüter nicht möglich, da Fusionsrichtlinie auf Gesamtheit der in einem Unternehmensteil einer Gesellschaft vorhandenen aktiven und passiven Wirtschaftsgüter abstellt – daher weiter
Übertragung eines Teilbetriebs	
Übertragung des zivilrechtlichen oder mindestens wirtschaftlichen Eigentums erforderlich – bloße Nutzungsüberlassung nicht ausreichend	Übertragung des zivilrechtlichen oder mindestens wirtschaftlichen Eigentums, jedoch kann auch bloße Nutzungsüberlassung ausreichend sein (strittig)

Übertragung eines Teilbetriebs

Durch Anwendung des europäischen Teilbetriebsbegriffs auch im nationalen Steuerrecht Wirtschaftsgüter in drei Arten geteilt werden –„funktional wesentliche", „zuordenbare" und „neutrales Vermögen" – Bis auf neutrales Vermögen müssen Teilbetrieb sämtliche Wirtschaftsgüter im wirtschaftlichen Zusammenhang zugeordnet werden

Konklusion

Europäische Teilbetriebsbegriff ist teilweise restriktiver und teilweise weiter als nationaler Teilbetriebsbegriff

Restriktiver insbesondere hinsichtlich die der Einheit zuzurechnenden Wirtschaftsgüter

Weiter insbesondere bei Beurteilung der Selbständigkeit

Besonderheit des doppelten Teilbetriebserfordernisses

Doppelter Teilbetrieb
Die Spaltungsvorgänge des §§ 15 und 16 UmwStG sind hinsichtlich der Ausgestaltung des Teilbetriebsbegriffs besonders restriktiv. Insoweit muss nämlich sowohl ein Teilbetrieb mit dem übertragenden Vermögen übergehen als auch ein Teilbetrieb mit dem verbleibenden Vermögen zurückbleiben, um eine Buchwertfortführung oder den Zwischenwertansatz zu erreichen – Es wird insoweit von einem doppelten Teilbetriebserfordernis gesprochen
(*Luce/Claß* in Haase/Hofacker, UmwStG, § 15 Rz. 76 ff.)

Übertragendes Vermögen
(*Luce/Claß* in Haase/Hofacker, UmwStG, § 15 Rz. 77)

Verbleibendes Vermögen
(*Luce/Claß* in Haase/Hofacker, UmwStG, § 15 Rz. 77)

§ 15 Abs. 1 Satz 2 UmwStG: muss „auf die Übernehmerinnen ein Teilbetrieb übertragen […] bei der übertragenden ein Teilbetrieb verbleiben" werden
Bei Abspaltung auf übernehmende Gesellschaft muss auf diese ein Teilbetrieb übertragen werden
(*Luce/Claß* in Haase/Hofacker, UmwStG, § 15 Rz. 79 ff.)

Auch Übertragung mehrerer Teilbetriebe insoweit möglich (*Luce/Claß* in Haase/Hofacker, UmwStG, § 15 Rz. 79 ff.)

Beachte: Teilbetriebsfiktion des § 15 Abs. 1 Satz 3 UmwStG
(*Luce/Claß* in Haase/Hofacker, UmwStG, § 15 Rz. 49 ff.)

Wenn auf mehrere Gesellschaften, dann jeweils ein Teilbetrieb – Ein Teilbetrieb darf nicht auf mehrere übernehmende Gesellschaften aufgeteilt werden (*Luce/Claß* in Haase/Hofacker, UmwStG, § 15 Rz. 79 ff.)

Finanzverwaltung fordert, dass neben Teilbetrieben keine sonstigen Wirtschaftsgüter verbleiben oder übertragen werden dürfen (BMF v. 11.11.2011, BStBl. I 2011, 1314, Rz. 15.01, 15.02)

Jedoch: Echten Teilbetrieb dürfen Wirtschaftsgüter, die nicht einem anderen Teilbetrieb wirtschaftlich zuordenbar sind, zugeordnet werden

Folge: Zuordnung von Wirtschaftsgütern zu fiktiven Teilbetrieben gemäß § 15 Abs. 1 Satz 3 UmwStG nur, wenn unmittelbarer wirtschaftlicher Zusammenhang

Beachte: Problematik gemischt genutzter Wirtschaftsgüter
Können Spaltungshindernis sein, da diese jeweils für den Teilbetrieb erforderlich sind und daher durch ihre gemischte Nutzung der Erfüllen des doppelten Teilbetriebserfordernis versagen

Begriff des Mitunternehmeranteils

Mitunternehmeranteil
Gesetzlichen Typus der nicht in § 20 UmwStG oder auch §§ 15, 16 EStG definiert ist und daher für das UmwStG nach §§ 15 Abs. 1 Satz 3 und 24 Abs. 1 UmwStG ausgelegt wird

Gesetzliche Grundlage
Beteiligung an inländischer oder ausländischen Personengesellschaft mit i. d. R. Einkünften gemäß §§ 13, 15 oder 18 EStG (*Luce/Claß* in Haase/Hofacker, UmwStG, § 15 Rz. 49 ff.)

Mitunternehmerrisiko
Insbesondere Beteiligung an unternehmerischen Entscheidungen

+

Mitunternehmerinitiative
Insbesondere Beteiligung am Erfolg durch Gewinn oder Verlust sowie Entwicklung der stillen Reserven und des Geschäftswerts

Bruchteil
Auch Teil eines Mitunternehmeranteils stellt Mitunternehmeranteil dar (*Luce/Claß* in Haase/Hofacker, UmwStG, § 15 Rz. 51)

Umfang der Einbringung

Einbringung der wesentlichen Betriebsgrundlagen des Anteils
Übertragung aller funktional wesentlichen Betriebsgrundlagen im Wege der Vollübertragung oder nach h. M. der Verschaffung des wirtschaftlichen Eigentums – mithin auch Sonderbetriebsvermögen, wobei schädlich soweit unterquotal und unschädlich soweit überquotal

Zurückbehalt wesentlicher Betriebsgrundlagen
Schädlich für Anwendung des Mitunternehmeranteilsbegriffs und damit der Übertragungsvorgänge (siehe S. 83)

Folge
Einbringung nur noch für Einzelwirtschaftsgüter unter Aufdeckung stiller Reserven möglich

Ausnahme
Zurückbehalt Anteile an Übernehmerin unter bestimmten Voraussetzungen

Zurückbehalt unwesentlicher Betriebsgrundlagen
Unschädlich mit Folgen für Besteuerung bei Einbringendem nach späterer Verwendung (siehe S. 83)

Zeitpunkt: Tatsächliche Einbringung durch Übertragung des (wirtschaftlichen) Eigentums bzw. Abschlusses eines dinglichen Einbringungsvertrags

Beachte: Verschiedenste Einzelfälle können insoweit abgegrenzt werden (*Luce/Claß* in Haase/Hofacker, UmwStG, § 15 Rz. 49 ff.)

Besonderheiten bei sonstigen Gegenleistungen

Um Steuergestaltungen zu vermeiden, ist die Gewährung sonstiger Gegenleistungen im Anwendungsbereich des §§ 20 Abs. 2 und 21 Abs. 1 UmwStG (aber auch § 25 UmwStG) beschränkt, die Beschränkung beträgt ... (*Hofacker* in Haase/Hofacker, UmwStG, § 20 Rz. 145 ff.)

↓

Gegenleistung darf nicht mehr als ...
(*Hofacker* in Haase/Hofacker, UmwStG, § 20 Rz. 145)

↓

25 % des Buchwerts des eingebrachten Vermögens (§ 20 Abs. 2 Satz 2 Nr. 4 Buchst. a UmwStG); (*Hofacker* in Haase/Hofacker, UmwStG, § 20 Rz. 147)

↔ oder ↔

500.000 EUR, höchstens Buchwert des eingebrachten Vermögens (§ 20 Abs. 2 Satz 2 Nr. 4 Buchst. b UmwStG); (*Hofacker* in Haase/Hofacker, UmwStG, § 20 Rz. 147)

↓

Unschädliche sonstige Gegenleistungen (*Hofacker* in Haase/Hofacker, UmwStG, § 20 Rz. 147)
Zunächst ist immer die absolute Grenze i. H. v. 500.000 EUR heranzuziehen, erst anschließend die relative Grenze von 25 % des eingebrachten Vermögens

↓

Schädliche sonstige Gegenleistungen (*Hofacker* in Haase/Hofacker, UmwStG, § 20 Rz. 145 ff.)
Überschreiten der absoluten Grenze i. H. v. 500.000 EUR und der relativen Grenze von 25 % des eingebrachten Vermögens mit der Folge einer Aufteilung für Ermittlung bei übernehmenden Rechtsträger

↓

Unentgeltlicher Teil
In entsprechender Höhe Fortführung Buchwerte des eingebrachten Betriebsvermögens
(*Hofacker* in Haase/Hofacker, UmwStG, § 20 Rz. 148 ff.)

Entgeltlicher Teil
In entsprechender Höhe Aufdeckung stiller Reserven, indem auf entgeltlichen Teil entfallende Buchwert auf schädlichen Teil der sonstigen Gegenleistung aufgestockt werden (*Hofacker* in Haase/Hofacker, UmwStG, § 20 Rz. 148 ff.)

↓

Anwendung § 20 Abs. 2 Satz 4 UmwStG
Gemeine Wert der sonstigen Gegenleistung kann über steuerlichen Buchwertansatz beim übernehmenden Rechtsträger liegen, wenn unentgeltlicher Teil unter 25 %: Wertuntergrenze für Ansatz des eingebrachten Vermögens beim übernehmenden Rechtsträger ist gemeiner Wert der sonstigen Gegenleistung (*Hofacker* in Haase/Hofacker, UmwStG, § 20 Rz. 148)

Beachte: Sonstige Gegenleistung muss neben neuen Anteilen gewährt werden
(*Hofacker* in Haase/Hofacker, UmwStG, § 20 Rz. 145 ff.)

Zurückbehalt von Wirtschaftsgütern

Zurückbehalt von Wirtschaftsgütern
Bei einer Umwandlung kann es aus wirtschaftlichen aber auch persönlichen Gründen geschehen, dass einzelne Wirtschaftsgüter nicht Gegenstand des Umwandlungsvorgangs sind – hinsichtlich der Auswirkungen eines solchen Rückbehalts ist zwischen der Qualifikation der Wirtschaftsgüter zu differenzieren ...
(*Hofacker* in Haase/Hofacker, UmwStG, § 20 Rz. 1 ff.)

Wesentliche Betriebsgrundlagen
(*Hofacker* in Haase/Hofacker, UmwStG, § 20 Rz. 55 ff.)

Unwesentliche Betriebsgrundlagen
(*Hofacker* in Haase/Hofacker, UmwStG, § 20 Rz. 57)

Keine Anwendung des UmwStG für entsprechenden Vorgang (bspw. §§ 20 oder 22 UmwStG)
Schädlich, da damit nicht die vollständigen Voraussetzungen hinsichtlich der Überführung der Wirtschaftsgüter realisiert werden können
(*Hofacker* in Haase/Hofacker, UmwStG, § 20 Rz. 55 ff.)

Anwendung des UmwStG für entsprechenden Vorgang (bspw. §§ 20 oder 22 UmwStG)
Unschädlich mit Folgen für Besteuerung bei Einbringendem nach späterer Verwendung
(*Hofacker* in Haase/Hofacker, UmwStG, § 20 Rz. 57)

Entnahmehandlung
§ 6 Abs. 1 Nr. 4 EStG mit Teilwert als Privatentnahme, soweit Wirtschaftsgüter nicht in Betriebsvermögen verbleiben
(*Hofacker* in Haase/Hofacker, UmwStG, § 20 Rz. 56)

Begünstigung
Ggf. §§ 16 Abs. 4, 17 Abs. 3, 34 EStG, soweit Tatbestandsmerkmale einer Betriebsaufgabe bzw. -veräußerung gegeben
(*Hofacker* in Haase/Hofacker, UmwStG, § 20 Rz. 56)

Ausnahme
Zurückbehalt Anteile an Übernehmerin unter bestimmten Voraussetzungen, BMF v. 11.11.2011, BStBl. I 2011, 1314, Rz. 20.09
(*Hofacker* in Haase/Hofacker, UmwStG, § 20 Rz. 51 ff.)

Zum Betriebsvermögen des eingebrachten (Teil-)Betriebs gehören Anteile an übernehmender Gesellschaft, welche bei Einbringung eigene Anteile des übertragenden Rechtsträgers werden – Folge: Steuerverhaftet gemäß § 22 UmwStG und § 17 Abs. 6 EStG (*Hofacker* in Haase/Hofacker, UmwStG, § 20 Rz. 51 ff.)

Verwaltungsauffassung: Keine Beanstandung, wenn Anteile an Kapitalgesellschaft auf unwiderruflichen Antrag des Einbringenden nicht mit eingebracht werden

Beachte: Zeitpunkt nach Rechtsprechung Übergang wirtschaftliches Eigentum (BFH v. 12.12.2012 – I R 28/11, BFH/NV 2013, 884) und nach Verwaltung steuerlicher Übertragungsstichtag (BMF v. 11.11.2011, BStBl. I 2011, 1314, Rz. 20.08 Satz 3)

Überblick und Zusammenspiel der Einbringungsgewinne

Einbringungsgewinn
Besteuerung eines Gewinns im Nachgang zur Einbringung aufgrund der Auslösung eines schädlichen Ereignisses
(*Wulff-Dohmen* in Haase/Hofacker, UmwStG, § 22 Rz. 81 ff.)

Einbringungsgewinn I gemäß § 22 Abs. 1 UmwStG

Gilt für Sacheinlage gemäß § 20 Abs. 1 UmwStG
(siehe S. 55 ff.), soweit Gegenstand der Sacheinlage nicht auch Kapitalgesellschaftsanteile enthält

Besteuerung des Einbringungsgewinns I
(siehe S. 85)
Wenn Veräußerung oder gleichgestellte Vorgänge (§ 22 Abs. 1 Satz 6 UmwStG) der erhaltenen Anteile nach § 20 Abs. 1 i. V. m. Abs. 2 Satz 2 UmwStG innerhalb von **sieben Jahren** nach Einbringung

(*Wulff-Dohmen* in Haase/Hofacker, UmwStG, § 22 Rz. 81 ff.)

Problem von Ketteneinbringung:
Möglich, dass Vorgang Einbringungsgewinns I und Einbringungsgewinns II auslöst, sofern schädliche Verwendung erfolgt. Sodann Rechtsfolgen nach der zeitlichen Reihenfolge der ihnen zugrunde liegenden Einbringungen zu ziehen.

Einbringungsgewinn II gemäß § 22 Abs. 2 UmwStG

Gilt für Sacheinlage gemäß § 20 Abs. 1 UmwStG
(siehe S. 55 ff.), soweit Gegenstand der Sacheinlage Kapitalgesellschaftsanteile enthält

Besteuerung des Einbringungsgewinns II
(siehe S. 86)
Wenn Veräußerung oder gleichgestellte Vorgänge (§ 22 Abs. 2 Satz 6 i. V. m. Abs. 1 Satz 6 UmwStG) eingebrachter Anteile durch übernehmende Gesellschaft innerhalb von sieben Jahren nach Buch- oder Zwischenwerteinbringung

(*Wulff-Dohmen* in Haase/Hofacker, UmwStG, § 22 Rz. 220 ff.)

Beachte: Nachweispflicht gemäß § 22 Abs. 3 UmwStG
Steuerpflichtiger muss jährlich nachweisen, dass eingebrachte Anteile gemäß § 22 Abs. 2 UmwStG sowie Anteile gemäß § 22 Abs. 2 Satz 6 i. V. m. § 22 Abs. 1 Satz 6 UmwStG noch gehalten werden
(*Wulff-Dohmen* in Haase/Hofacker, UmwStG, § 22 Rz. 410 ff.)

Frist: 31. Mai der Folgejahres für **sieben Jahre**

Säumnis: Verkaufsfiktion der Anteile mit Folgen des § 22 Abs. 2 UmwStG

Einbringungsgewinn I

Einbringungsgewinn I – § 22 Abs. 1 UmwStG
Der Einbringungsgewinn I ist Teil der nachgelagerten Besteuerung bei schädlichen Vorgängen hinsichtlich des Anteilseigers bei der Einbringung

Beachte: Jährliche Nachweispflicht

Anteilsveräußerungstatbestand – § 22 Abs. 1 Satz 1 UmwStG
Anwendungsbereich und Grundregeln der Besteuerung des Einbringungsgewinns I bei Anteilsveräußerung: Nur in Fällen der Sacheinlage unter gemeinen Wert nach § 20 Abs. 2 Satz 2 UmwStG – relevant ist die Veräußerung der erhaltenen Anteile durch Einbringenden
Zeitraum: Innerhalb Zeitfensters von **sieben** Jahren nach Einbringungszeitpunkt
(*Wulff-Dohmen* in Haase/Hofacker, UmwStG, § 22 Rz. 81 ff.)
Rechtsfolgen ...

Rückwirkende Besteuerung – § 22 Abs. 1 Satz 1 HS 1 UmwStG
Rückwirkende Besteuerung des Gewinns aus Einbringung (*Wulff-Dohmen* in Haase/Hofacker, UmwStG, § 22 Rz. 81 ff.)

Ausschluss §§ 16 Abs. 4 und 34 EStG – § 22 Abs. 1 Satz 1 HS 2 UmwStG
Keine Anwendung der Begünstigung (*Wulff-Dohmen* in Haase/Hofacker, UmwStG, § 22 Rz. 86 ff.)

Rückwirkung – § 22 Abs. 1 Satz 2 UmwStG
Rückwirkendes Ereignis gemäß § 175 Abs. 1 Satz 1 Nr. 2 AO (*Wulff-Dohmen* in Haase/Hofacker, UmwStG, § 22 Rz. 81 ff.)

Ermittlung – § 22 Abs. 1 Satz 3 UmwStG
Bestimmungen zur Ermittlung des Einbringungsgewinns (*Wulff-Dohmen* in Haase/Hofacker, UmwStG, § 22 Rz. 91 ff.)

Wirkung – § 22 Abs. 1 Satz 4 UmwStG
Einbringungsgewinn gilt als nachträgliche Anschaffungskosten der erhaltenen Anteile (*Wulff-Dohmen* in Haase/Hofacker, UmwStG, § 22 Rz. 103 ff.)

Ausnahme für Anteile an Kapitalgesellschaften – § 22 Abs. 1 Satz 5 UmwStG
Anteile an Kapitalgesellschaften oder Genossenschaften sind grds. nicht mit Einbringungsgewinn I zu belasten, da dafür § 22 Abs. 2 UmwStG mit dem Einbringungsgewinn II gilt (siehe S. 86)
(*Wulff-Dohmen* in Haase/Hofacker, UmwStG, § 22 Rz. 105 ff)

Beachte: Ersatzrealisationstatbestände – § 22 Abs. 1 Satz 6 UmwStG
Tatbestände, die ohne § 22 Abs. 1 Satz 1 UmwStG zu Einbringungsgewinn I führen
(*Wulff-Dohmen* in Haase/Hofacker, UmwStG, § 22 Rz. 117 ff.)

Unentgeltliche Übertragungen gemäß Nr. 1
(*Wulff-Dohmen* in Haase/Hofacker, UmwStG, § 22 Rz. 122 ff.)

Bestimmte entgeltliche Übertragungen gemäß Nr. 2
(*Wulff-Dohmen* in Haase/Hofacker, UmwStG, § 22 Rz. 135 ff.)

Auflösung, Herabsetzung, Abwicklung gemäß Nr. 3
(*Wulff-Dohmen* in Haase/Hofacker, UmwStG, § 22 Rz. 147 ff.)

Einbringung

- **Eingebrachte Anteile gemäß Nr. 4**
(*Wulff-Dohmen* in Haase/Hofacker, UmwStG, § 22 Rz. 279 ff.)
- **Erhaltene Anteile gemäß Nr. 5**
(*Wulff-Dohmen* in Haase/Hofacker, UmwStG, § 22 Rz. 297 ff.)

§ 1 Abs. 4 UmwStG nicht erfüllt gemäß Nr. 6
(*Wulff-Dohmen* in Haase/Hofacker, UmwStG, § 22 Rz. 211 ff.)

Weiter- und Ketteneinbringungen – § 22 Abs. 1 Satz 7 UmwStG
Ausdehnung der nachträglichen Anschaffungskosten hinsichtlich der Qualifikation
(*Wulff-Dohmen* in Haase/Hofacker, UmwStG, § 22 Rz. 219 ff.)

Einbringungsgewinn II

Einbringungsgewinn II – § 22 Abs. 2 UmwStG
Der Einbringungsgewinn II ist Teil der nachgelagerten Besteuerung bei schädlichen Vorgängen hinsichtlich des Anteilseigers bei der Einbringung

Beachte: Jährliche Nachweispflicht

Anteilsveräußerungstatbestand – § 22 Abs. 2 Satz 1 UmwStG
Anwendungsbereich und Grundregeln der Besteuerung des Einbringungsgewinns II bei Anteilsveräußerung: Nur in Fällen der Sacheinlage oder des Anteilstauschs unter gemeinem Wert nach § 20 Abs. 2 Satz 2 und § 21 Abs. 1 UmwStG – relevant ist die Veräußerung der erhaltenen Anteile durch Einbringenden
Zeitraum: Innerhalb Zeitfensters von **sieben** Jahren nach Einbringungszeitpunkt
(*Wulff-Dohmen* in Haase/Hofacker, UmwStG, § 22 Rz. 220 ff.)
Rechtsfolgen ...

- **Rückwirkende Besteuerung – § 22 Abs. 2 Satz 1 HS 1 UmwStG** Rückwirkende Besteuerung des Gewinns aus Einbringung (*Wulff-Dohmen* in Haase/Hofacker, UmwStG, § 22 Rz. 220 ff.)
- **Rückwirkende Besteuerung – § 22 Abs. 2 Satz 1 HS 1 UmwStG** Rückwirkende Besteuerung des Gewinns aus Einbringung (*Wulff-Dohmen* in Haase/Hofacker, UmwStG, § 22 Rz. 220 ff.)
- **Rückwirkung – § 22 Abs. 2 Satz 2 UmwStG** Rückwirkendes Ereignis gemäß § 175 Abs. 1 Satz 1 Nr. 2 AO (*Wulff-Dohmen* in Haase/Hofacker, UmwStG, § 22 Rz. 220 ff.)
- **Ermittlung – § 22 Abs. 2 Satz 3 UmwStG** Bestimmungen zur Ermittlung des Einbringungsgewinns (*Wulff-Dohmen* in Haase/Hofacker, UmwStG, § 22 Rz. 242 ff.)
- **Wirkung – § 22 Abs. 2 Satz 4 UmwStG** Einbringungsgewinn gilt als nachträgliche Anschaffungskosten der erhaltenen Anteile (*Wulff-Dohmen* in Haase/Hofacker, UmwStG, § 22 Rz. 249 ff.)

Ausnahme für Anteile an Kapitalgesellschaften – § 22 Abs. 2 Satz 5 UmwStG
Relevant, soweit der Einbringende die erhaltenen Anteile bereits veräußert oder gemäß § 6 AStG versteuert hat (siehe S. 58)
(*Wulff-Dohmen* in Haase/Hofacker, UmwStG, § 22 Rz. 251 ff.)

Beachte: Ersatzrealisationstatbestände – § 22 Abs. 2 Satz 6 i. V. m. § 22 Abs. 1 Satz 6 UmwStG
Tatbestände, die ohne § 22 Abs. 2 Satz 1 UmwStG zu Einbringungsgewinn I führen
(*Wulff-Dohmen* in Haase/Hofacker, UmwStG, § 22 Rz. 257 ff.)

- **Unentgeltliche Übertragungen gemäß Nr. 1** (*Wulff-Dohmen* in Haase/Hofacker, UmwStG, § 22 Rz. 262 ff.)
- **Bestimmte entgeltliche Übertragungen gemäß Nr. 2** (*Wulff-Dohmen* in Haase/Hofacker, UmwStG, § 22 Rz. 267 ff.)
- **Auflösung, Herabsetzung, Abwicklung gemäß Nr. 3** (*Wulff-Dohmen* in Haase/Hofacker, UmwStG, § 22 Rz. 278)
- **Einbringung**
  - **Eingebrachte Anteile gemäß Nr. 4** (*Wulff-Dohmen* in Haase/Hofacker, UmwStG, § 22 Rz. 279 ff.)
  - **Erhaltene Anteile gemäß Nr. 5** (*Wulff-Dohmen* in Haase/Hofacker, UmwStG, § 22 Rz. 297 ff.)
- **§ 1 Abs. 4 UmwStG nicht erfüllt gemäß Nr. 6** (*Wulff-Dohmen* in Haase/Hofacker, UmwStG, § 22 Rz. 319 ff.)

Weiter-und Ketteneinbringungen – § 22 Abs. 2 Satz 7 i. V. m. § 22 Abs. 1 Satz 7 UmwStG
Ausdehnung der nachträglichen Anschaffungskosten hinsichtlich der Qualifikation
(*Wulff-Dohmen* in Haase/Hofacker, UmwStG, § 22 Rz. 322 ff.)

Sperrfristen im Umwandlungssteuerrecht

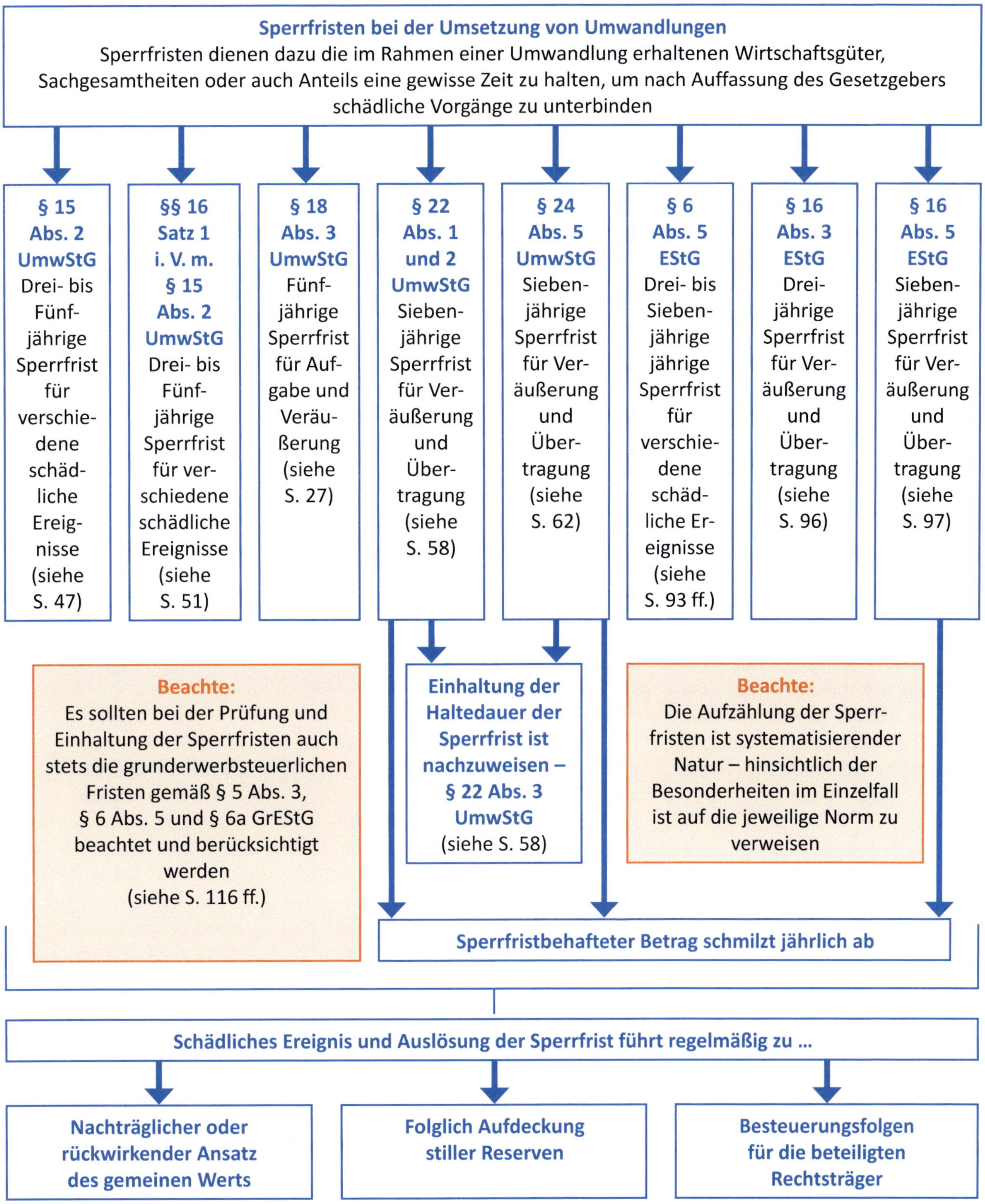

Die ertragsteuerliche Organschaft als Problem bei Umwandlungen

Ertragsteuerliche Organschaft im Falle einer Umwandlung
Es sind – neben vielen kleineren Problemen – drei wesentliche Fragestellungen in den Fokus zu nehmen

Reichweite der steuerlichen Rückwirkung

1. Steuerliche Rückwirkung hinsichtlich finanzieller Eingliederung
finanzielle Eingliederung nicht generell rückbeziehungsfähig, jedoch stark vom Einzelfall geprägt; *siehe insoweit Org.02, 03, 06-09 und 13-17 UmwStAE*

\+

2. Steuerliche Rückwirkung hinsichtlich Zurechnung der Organbeteiligung
Für Umwandlungen durch welche Beteiligung an Organgesellschaft geschaffen oder übertragen wird muss Beteiligung zum Beginn des Wirtschaftsjahres der Organgesellschaft inländischer Betriebsstätte des Organträgers zugeordnet sein, in welchem Organschaft erstmals begründet wird

↓

Als Gegenleistung erhaltene neue Anteile an Beteiligung an Organgesellschaft sind Übertragerin mit steuerlicher Rückwirkung zuzurechnen – auch für Anteilstausch

\+

3. Steuerliche Rückwirkung hinsichtlich Organgesellschaftsfähigkeit
Personengesellschaft kann rückwirkend Formwechsel in Kapitalgesellschaft vornehmen und dadurch Fähigkeit als Organgesellschaft bekommen, *siehe insoweit Org.25 UmwStAE*

Gewinnabführungsverträge

1. Umwandlung des Organträgers
Gewinnabführungsvertrag kann im Wege der Gesamtrechtsnachfolge auf Übernehmerin übergehen, bei Organträger verbleiben oder enden – Automatisches Ende häufig bei Umwandlung der Organgesellschaft
Umwandlung des Unternehmens des Organträgers ist außer bei Formwechsel gemäß § 190 UmwG wichtiger Grund um Fünfjahresfrist zu verletzen; *siehe insoweit Org. 04, 12 und 26 UmwStAE*

\+

2. Ablaufendes Wirtschaftsjahr
Bei Übergang des Gewinnabführungsvertrags auf neuen Organträger ist grds. auf letzten Abschlussstichtag letztmalig gegen alten Organträger abzurechnen – laufendes Wirtschaftsjahr der Organgesellschaft wird grds. vollständig gegen neuen Organträger abgerechnet

\+

3. Neuer Gewinnabführungsvertrag
Rückwirkung des Gewinnabführungsvertrages beachten – § 14 Abs. 1 Satz 2 KStG fordert, dass Gewinnabführungsvertrag bis Ende des Wirtschaftsjahres der Organgesellschaft wirksam wird, in dem erstmalig Zurechnung des Einkommens erfolgt

Einkommenszurechnung

1. Zurechnung Organeinkommen bei Umwandlung Organträger
i. d. R. Rechtsträger, der zum Schluss des Wirtschaftsjahrs der Organgesellschaft der Organträger ist

\+

2. Zurechnung Übertragungsgewinn bei Umwandlung Organgesellschaft
Eigenes Einkommen der Organgesellschaft; *siehe insoweit Org.27 UmwStAE*

\+

3. Zurechnung Übernahmeergebnis bei Umwandlung Organgesellschaft
Kann dem Organträger zugerechnet werden, da aus werbender Tätigkeit der Organgesellschaft; *siehe insoweit Org.30 UmwStAE*

Sonderbetriebsvermögen im Umwandlungssteuerrecht

Sonderbetriebsvermögen kann im Rahmen von Umwandlungsvorgängen ausscheiden aber auch entstehen

Die jeweiligen Folgen im Grundsatz unterscheiden sich abhängig vom Umwandlungsvorgang und können auf Fälle innerhalb und außerhalb des UmwStG unterschieden werden – erforderlich ist stets die Beteiligung einer Personengesellschaft

UmwStG

Umwandlung von Kapitalgesellschaft in Personengesellschaft (§§ 3 bis 9 und 16 UmwStG – siehe S. 33 ff.**)**
Sofern Gesellschafter umzuwandelnden Gesellschaft Wirtschaftsgüter zur Nutzung überlassen hat, entsteht im Zeitpunkt der steuerlichen Übertragung (notwendiges) Sonderbetriebsvermögen bei „neuer" Personengesellschaft (BMF vom 11.11.2011, BStBl. I 2011, 1314, Rz. 03.36)

Spaltungen eines Mitunternehmeranteils zwischen Körperschaften oder auf Personengesellschaft (§§ 15 und 16 UmwStG – siehe S. 45 ff.**)**
Verzahnung zwischen Sonderbetriebsvermögens ganzem oder anteiligem Mitunternehmeranteil erfordert Mitübertragung des gesamten oder quotenmäßigen (wesentlichen) Sonderbetriebsvermögens (BMF vom 11.11.2011, BStBl. I 2011, 1314, Rz. 15.04)

Einbringung von Betriebsvermögen in Kapitalgesellschaft (§ 20 UmwStG – siehe S. 55 ff.**)**
(Wesentliches) Sonderbetriebsvermögen muss mit eingebracht werden, da Bestandteil der Sachgesamtheit (Teil-)Betrieb oder Mitunternehmeranteil (BMF vom 11.11.2011, BStBl. I 2011, 1314, Rz. 20.06 und 20.10) Gilt entsprechend für Formwechsel gemäß § 25 Satz 1 i. V. m. § 20 Abs. 1 UmwStG; BFH vom 8.6.2011, I B 15/11, BFH/NV 2011, 1748

Einbringung von Betriebsvermögen in Personengesellschaft (§ 24 UmwStG – siehe S. 59 ff.**)**
(Wesentliches) Sonderbetriebsvermögen muss mit eingebracht werden, da zwingender Bestandteil der Sachgesamtheit (Teil-)Betrieb oder Mitunternehmeranteil (BMF vom 11.11.2011, BStBl I 2011, 1314, Rz. 24.03 i.V.m. 20.06 und 20.10)

Außerhalb des UmwStG

Unentgeltliche Übertragung von Mitunternehmeranteilen (§ 6 Abs. 3 EStG – siehe S. 92**)**
Grds. Mitübertragung funktional wesentlichen Sonderbetriebsvermögens erforderlich (BMF vom 20.11.2019, BStBl. I 2019, 1291, Rz. 6); Entnahme, Veräußerung, Überführung und Übertragung nicht funktional wesentlichen Sonderbetriebsvermögens unschädlich (BMF, a. a. O., Rz. 17) – Unschädlich: Funktional wesentliches Sonderbetriebsvermögen vorher/zeitgleich gemäß § 6 Abs. 5 EStG übertragen oder vor Übertragung veräußert (BMF, a. a. O., Rz. 10 ff.); Unterquotale Übertragung von wesentlichem Sonderbetriebsvermögen Haltefrist (§ 6 Abs. 3 Satz 2 EStG) beachten (BMF, a.a.O., Rz. 20)

Realteilung einer Personengesellschaft (§ 16 Abs. 3 Satz 2 ff. UmwStG – siehe S. 96**)**
Grds. auch Sonderbetriebsvermögen übernommenes Vermögen real geteilter Mitunternehmerschaft – soweit dieses nach § 16 Abs. 3 Satz 2 ff. EStG auf anderen Mitunternehmer übertragen wird; Überführung von Sonderbetriebsvermögen gemäß § 6 Abs. 5 Satz 2 EStG möglich richten (BMF vom 19.12.2018, BStBl. I 2019, 6, Tz. II.) – Vermögen muss in Betriebsvermögen des Realteilers übertragen werden – mithin Vermögen in Einzelunternehmen oder (notwendiges oder gewillkürtes) Sonderbetriebsvermögen des Realteilers werden (BMF, a.a.O., Tz. IV.1).

Ergänzungsbilanzen bei Umwandlungsvorgängen

Gesellschafterwechsel bei Einbringung in Personengesellschaft
(siehe S. 59 ff.)

Beachte:
Ergänzungsbilanzen sind für den jeweiligen Mitunternehmer jedoch bei der Mitunternehmerschaft zu führen

Übergang des Vermögens einer Kapitalgesellschaft auf Personengesellschaft gemäß §§ 2 ff. UmwG
(siehe S. 32 ff.)

Beachte:
Ergebnisse aus der Ergänzungsbilanz sind Teil des dem Mitunternehmer zuzuweisenden Ergebnisses

Ergänzungsbilanz
In der Ergänzungsbilanz werden für einzelne Mitunternehmer Wertkorrekturen zu Ansätzen der Steuerbilanz der Gesellschaft erfasst – diese sind hinsichtlich Umwandlungsvorgängen zu ggf. zu erstellen wenn…

Beachte: Betrifft der Sachverhalt, welche eine Ergänzungsbilanzen erfordert, die gesamte Mitunternehmerschaft kann eine Ergänzungsbilanz unterbleiben

Einbringung eines Betriebs, Teilbetriebs oder Mitunternehmeranteils in Personengesellschaft gemäß § 24 UmwStG
(siehe S. 59 ff.)

Beachte:
Ergänzungsbilanzen sind von den Sonderbilanzen zu unterscheiden, da sie im Gegensatz zur Sonderbilanz mit Wirtschaftsgütern nur Mehr-und Minderbeträge aufweisen
(siehe S. 89)

Einbringung einzelner Wirtschaftsgüter in die Personengesellschaft
(siehe S. 93 ff.)

Beachte:
Auch außerhalb von Umwandlungsvorgängen sind Ergänzungsbilanzen denkbar, sofern Korrekturen für einzelne Gesellschaft vorzunehmen sind, bspw. bei gesellschafterbezogenen Steuervergünstigungen

4. Umwandlungsvorgänge und Sitzverlegung (Kapitalgesellschaft) außerhalb des UmwStG

Unentgeltliche Übertragung von Sachgesamtheiten (§ 6 Abs. 3 EStG)

Übertragungsmöglichkeiten des § 6 Abs. 3 EStG

Natürliche Person auf natürliche Person

Natürliche Person auf Personengesellschaft (an der Übertragender nicht beteiligt ist) des § 6 Abs. 3 EStG

Natürliche Person auf Körperschaft (an der Übertragender nicht beteiligt ist) des § 6 Abs. 3 EStG

Übertragungsgegenstand als sämtliche wesentliche Betriebsgrundlagen nach funktionaler Betrachtungsweise

Betrieb
(siehe S. 78)

Teilbetrieb
(siehe S. 79 f.)

Mitunternehmeranteil
(siehe S. 81)

Zurückbehalt wesentlicher Betriebsgrundlagen
Insgesamt § 16 Abs. 3 EStG (siehe S. 83)

Zurückbehalt unwesentlicher Betriebsgrundlagen
Unschädlich, insoweit Entnahme § 4 Abs. 1 Satz 2 EStG

Überführung unwesentlicher Betriebsgrundlagen
In Betriebsvermögen desselben Steuerpflichtigen nach § 6 Abs. 5 EStG (siehe S. 93 ff.)

Übertragungsart als Gesamtrechtsnachfolge
Übergang des wirtschaftlichen Eigentums in einheitlichem Vorgang unter Aufrechterhaltung des geschäftlichen Organismus
Übernehmender ist gesellschaftsrechtlich verbundener Rechtsnachfolger

Unentgeltlichkeit
Rechtsnachfolger leistet keine Gegenleistung an den Rechtsvorgänger; bspw. Schenkung, vorweggenommene Erbfolge

Problem: Übernahme von Verbindlichkeiten
Betriebliche Verbindlichkeiten des Übertragungsgegenstands: Kein Entgelt, da zu Übertragungsgegenstand gehörend
Verbindlichkeiten die nicht zum Betriebsvermögen gehören: Entgelt und damit Ausschluss des § 6 Abs. 3 EStG

Stille Reserven
Die Besteuerung der stillen Reserven muss sichergestellt sein

Rechtsfolgen

Übertragender
Buchwertansatz nach steuerlichen Gewinnermittlungsvorschriften für Übertragungsgegenstand

Übernehmender
Bindung an Buchwert des Übertragenden als Rechtsnachfolger, § 6 Abs. 3 Satz 1 EStG

Beachte: Aufnahme in Einzelunternehmen
Unentgeltliche Aufnahme in Einzelunternehmen führt zu Mitunternehmerschaft und kein Anwendungsfall des § 24 UmwStG (siehe S. 59 ff.), daher Einbezug in § 6 Abs. 3 EStG über Satz 1 HS 2

Beachte: Teil eines Mitunternehmeranteils
Erweiterung durch § 6 Abs. 3 Satz 1 HS 2 und Satz 2 EStG, wenn nicht quotal übertragenes Wirtschaftsgut des Sonderbetriebsvermögen in Mitunternehmerschaft Betriebsvermögen bleibt und Übernehmer fünf Jahre nicht veräußert oder aufgibt

Überführung einzelner Wirtschaftsgüter

Überführungsmöglichkeit des § 6 Abs. 5 Satz 1 und 2 EStG

Unentgeltlich von Betriebsvermögen einer natürliche Person auf anderes Betriebsvermögen derselben natürlichen Person

Überführungsgegenstand: Einzelnes Wirtschaftsgut
u. a. 100 % Beteiligung an Kapitalgesellschaft, Wirtschaftsgüter des Anlage- und Umlaufvermögens

Ausnahme: Betriebsaufgabe
§ 16 Abs. 3 EStG findet auf Betriebsaufgaben Anwendung, § 16 Abs. 3 Satz 7 EStG (siehe S. 96)

Überführung (ohne Rechtsträgerwechsel)
Änderung der sachlichen Zuordnung zu einem anderen Betrieb bspw. infolge einer Nutzungsänderung eines Wirtschaftsgutes

Aus BV1 in BV2 desselben Person oder umgekehrt

Aus BV in SBV desselben Person oder umgekehrt

Aus SBV1 in SBV2 desselben Person oder umgekehrt

Stille Reserven – § 6 Abs. 5 Satz 1 EStG
Die Besteuerung der stillen Reserven muss sichergestellt sein

Besteuerung im Inland
Einkommensteuerliche und körperschaftsteuerliche Erfassung erheblich

Ausschluss Gewerbesteuer
daher unerheblich, da weiterhin Besteuerung im Inland, bspw. wenn aus Gewerbebetrieb in freiberuflichen Betrieb

Gemeinnützige Körperschaft
Schließt Besteuerung der stillen Reserven aus, keine Anwendung § 6 Abs. 5 Satz 1 und 2 EStG

Ausland
Bspw. wenn Überführung ins Ausland und dort Betriebsstätte die im Inland nach DBA freizustellen, dann Ausschluss Besteuerung stille Reserven

Rechtsfolgen

Abgebender Betrieb
Zwingender Buchwertansatz, womit ein Bewertungswahlrecht ausgeschlossen ist; unabhängig, ob aus freiberuflichen in gewerbliches Betriebsvermögen

Aufnehmender Betrieb
Bindung an Buchwert des abgebenden Betriebs und damit auch zwingender Buchwertansatz, womit ein Bewertungswahlrecht ausgeschlossen ist

Beachte: Sonderbetriebsvermögen (siehe S. 89)
Durch § 6 Abs. 5 Satz 2 EStG wird Anwendung auf Überführung zwischen eigenem Betriebsvermögen und eigenem Sonderbetriebsvermögen sowie zwischen Sonderbetriebsvermögen desselben Steuerpflichtigen bei Mitunternehmerschaft(en) erweitert.

Übertragung von Wirtschaftsgütern bei Mitunternehmerschaften

Übertragungsmöglichkeit des § 6 Abs. 5 Satz 3 EStG

In oder aus Einzelunternehmen (Nr. 1)

- **Aus BV Mitunternehmer in Gesamthandsvermögen Mitunternehmerschaft oder umgekehrt**

In oder aus Gesamthandsvermögen (Nr. 2)

- **Aus SBV Mitunternehmerschaft in Gesamthandsvermögen dieser Mitunternehmerschaft oder umgekehrt**
- **Aus SBV Mitunternehmerschaft in Gesamthandsvermögen einer anderen Mitunternehmerschaft oder umgekehrt**

Zwischen Sonderbetriebsvermögen (Nr. 3)

- **SBV verschiedener Mitunternehmer bei gleicher Mitunternehmerschaft**

Übertragungsgegenstand: Einzelnes Wirtschaftsgut
u. a. 100 % Beteiligung an Kapitalgesellschaft,
Wirtschaftsgüter des Anlage und Umlaufvermögens

Ausnahme: Betriebsaufgabe
§ 16 Abs. 3 EStG findet auf Betriebsaufgaben Anwendung, § 16 Abs. 3 Satz 7 EStG (siehe S. 96)

Übertragung (mit Rechtsträgerwechsel)
Änderung der persönlichen Zurechnung gemäß § 39 AO

Unentgeltlich in den Fällen der Nr. 1 bis Nr. 3
Keine Gewährung einer Gegenleistung – Verbuchung über gesamthänderisch gebundenes Rücklagenkonto

Gewährung oder Minderung von Gesellschaftsrechten in den Fällen der Nr. 1 und Nr. 2
Spezialformen des Tauschs zwischen dem Mitunternehmer und seiner Mitunternehmerschaft
Mischfall: Stille Reserven sind bei Mischentgelt anteilig aufzulösen

Stille Reserven – § 6 Abs. 5 Satz 3 i. V. m. Satz 1 EStG
Die Besteuerung der stillen Reserven muss sichergestellt sein

Besteuerung im Inland
Einkommensteuerliche und körperschaftsteuerliche Erfassung erheblich

Ausschluss Gewerbesteuer
daher unerheblich, da weiterhin Besteuerung im Inland, bspw. wenn aus Gewerbebetrieb in freiberuflichen Betrieb

Gemeinnützige Körperschaft
Schließt Besteuerung der stillen Reserven aus, keine Anwendung § 6 Abs. 5 Satz 1 und 2 EStG

Ausland
Bspw. wenn Überführung ins Ausland und dort Betriebsstätte die im Inland nach DBA freizustellen, dann Ausschluss Besteuerung stille Reserven

Rechtsfolgen

Abgebender Betrieb
Zwingender Buchwertansatz, womit ein Bewertungswahlrecht ausgeschlossen ist; unabhängig, ob aus freiberuflichen in gewerbliches Betriebsvermögen

Aufnehmender Betrieb
Bindung an Buchwert des abgebenden Betriebs und damit auch zwingender Buchwertansatz, womit ein Bewertungswahlrecht ausgeschlossen ist

Beachte: Übertragung zwischen Gesamthandsvermögen
Übertragungen zwischen Gesamthandsvermögen eines Mitunternehmers sind nicht zulässig – Vorlagebeschluss des BFH (I R 80/12) an das BVerfG (2 BvL 8/13) – weiter anhängig

Beachte: Sperrfristen
Siehe S. 87

Sicherungsklauseln für § 6 Abs. 5 Satz 3 EStG

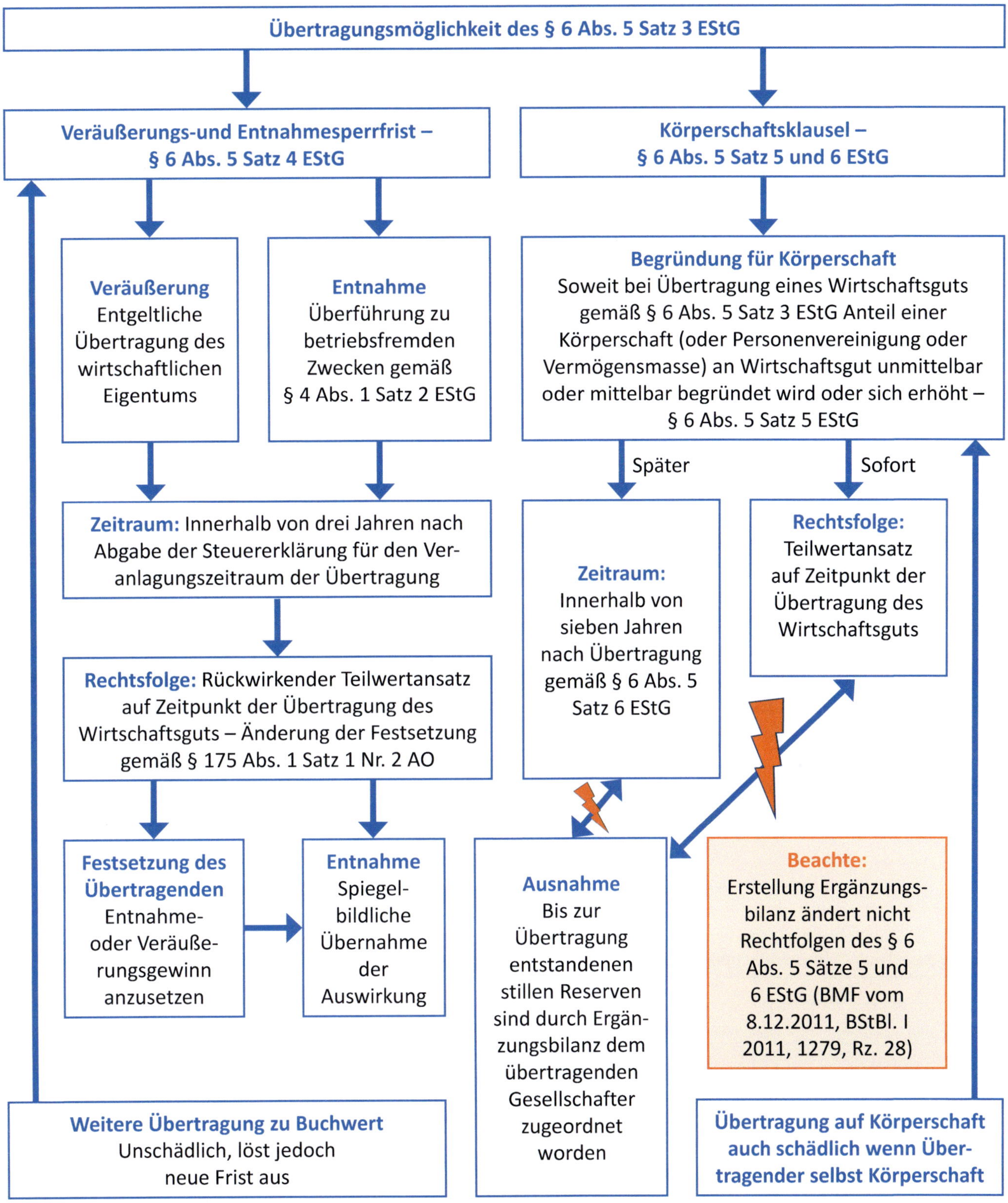

Beachte:

Nach Auffassung der Finanzverwaltung sind auch Umwandlungen zum Buchwert innerhalb der Sperrfrist schädlich (BMF vom 8.12.2011, BStBl. I 2011, 1279, Rz. 33)

Realteilung

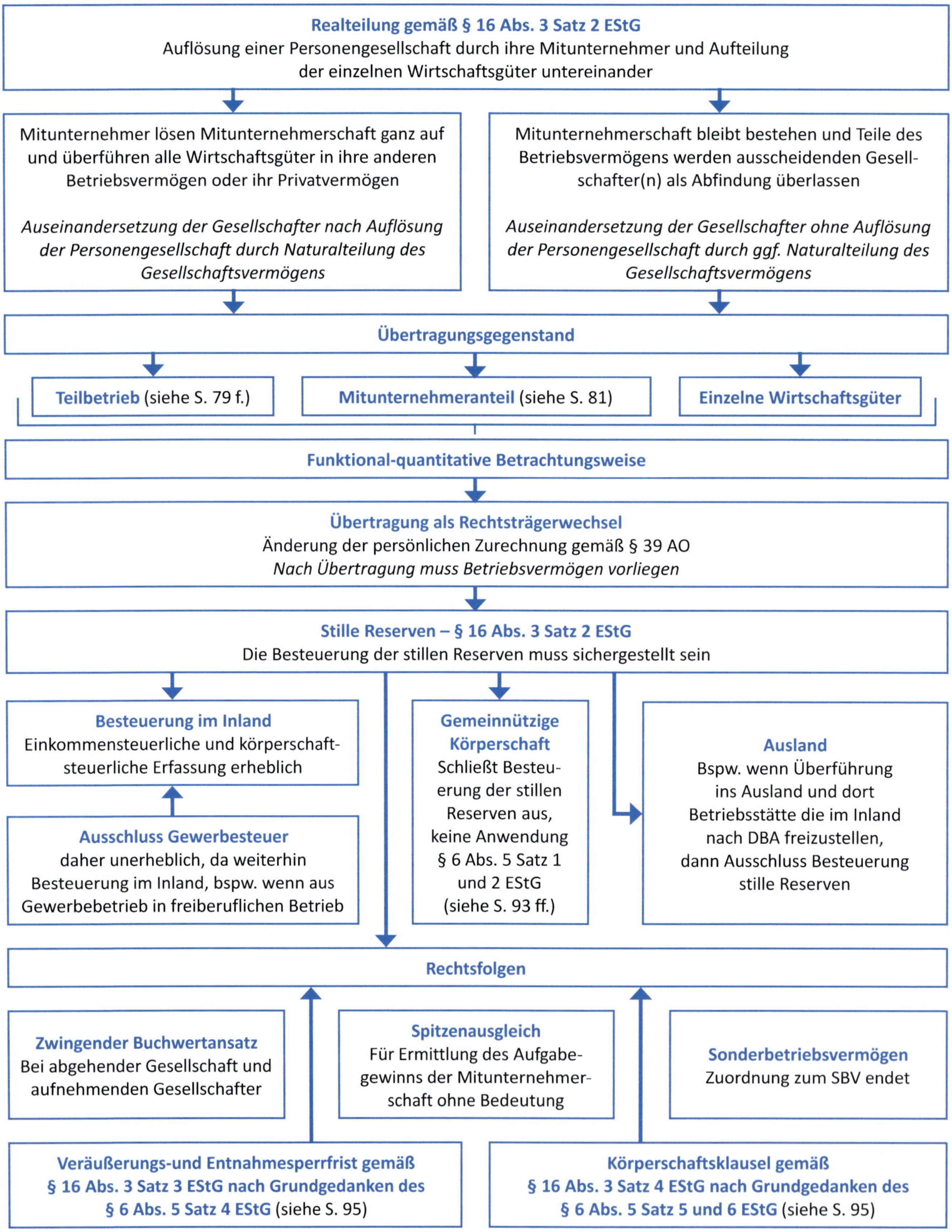

Beachte: Zum Spitzenausgleich bei unechter Realteilung siehe BMF v. 19.12.2018, BStBl. I 2019, 6

Anteilsübertragung gemäß § 16 Abs. 5 EStG

Realteilung einer Mitunternehmer
Auflösung einer Personengesellschaft durch ihre Mitunternehmer und Aufteilung der einzelnen Wirtschaftsgüter untereinander

Übertragung von Teilbetrieben
Übertragung eines Teilbetriebs ist ausreichend und Teilbetrieb einschließlich der Anteile ist nach § 16 Abs. 3 Satz 2 EStG mit Buchwert angesetzt worden

Zugehörigkeit
Zum Teilbetrieb gehören Anteile an Körperschaft (oder Personenvereinigung oder Vermögensmasse

Übertragender
Übertragende kann nicht Begünstigung des § 8b Abs. 2 KStG nutzen – mithin kein Körperschaftsteuersubjekt – regelmäßig Einkommensteuersubjekt

Übernehmender
Übernehmender ist Körperschaftsteuersubjekt

Schädliches Ereignis
Übernehmender Mitunternehmer als Körperschaftsteuersubjekt veräußert eingebrachte Anteile innerhalb von sieben Jahren nach Realteilung unmittelbar oder mittelbar bzw. überträgt diese durch Vorgang nach § 22 Abs. 1 Satz 6 Nr. 1 bis 5 UmwStG (siehe S. 85 zur Ersatzrealisationstatbeständen)

Rechtsfolgen
Bei Ermittlung des Gewinns der Mitunternehmerschaft sind Anteile rückwirkend auf Zeitpunkt der Realteilung mit gemeinen Wert anzusetzen – Rückwirkendes Ereignis gemäß § 175 Abs. 1 Satz 1 Nr. 2 AO

Mitunternehmerschaft
Erhöhung des Aufgabegewinn auf Ebene der Mitunternehmerschaft

Übernehmender
Erhöhung des Anteils des auf den übernehmenden Mitunternehmer entfallende Anteils am Aufgabegewinn gemäß § 16 Abs. 3 Satz 8 EStG

Gewinnanteil ist (fiktiv) laufender Gewinn gemäß § 16 Abs. 3 Satz 5 EStG und wird je um 1/7 für jedes seit Zeitpunkt der Realteilung abgelaufene Zeitjahr vermindert – § 16 Abs. 5 EStG i. V. m. § 22 Abs. 2 Satz 3 UmwStG (siehe S. 86)

Beachte: § 16 Abs. 5 EStG folgt Gedanken des § 24 Abs. 5 UmwStG (siehe S. 62) hinsichtlich Versuch der Schaffung einer sachlich nicht zulässigen Veräußerungsgewinnbefreiung gemäß § 8b Abs. 2 KStG

Ergänzungsbilanzen bei Umwandlungsvorgängen

Anwachsungsvorgänge sind bei Personengesellschaften denkbar
Es wird insoweit zwischen zwei Möglichkeiten unterschieden, welche insbesondere für die GmbH & Co. KG bedeutsam sind ...

Einfache Anwachsung

Vorgehen

↓ **Austritt der bestehenden Kommanditisten aus der Gesellschaft**

↓ **Komplementärin verbleibt insoweit**

= **Anteile der austretenden Kommanditisten wachsen der Komplementärin im Wege der Gesamtrechtsnachfolge an**

Rechtfolgen

↓ Stille Reserven der austretenden Kommanditisten unterliegen regelmäßig der Einkommensteuer

↓ Versteuerung als verdeckte Einlage, sofern auch Beteiligung an Komplementär-Gesellschaft

Erweiterte Anwachsung

Vorgehen

↓ **Kapitalerhöhung der Komplementär-Gesellschaft**

↓ **Übernahme der neuen Geschäftsanteile durch Kommanditisten gegen Einlage Kommanditanteile an aufzulösenden GmbH & Co. KG**

= **Anteile der austretenden Kommanditisten wachsen der Komplementärin im Wege der Gesamtrechtsnachfolge an**

Rechtfolgen

↓ Anwendung der umwandlungssteuerliche Regelungen des § 20 UmwStG (siehe S. 55 ff.), da Kommanditisten Geschäftsanteile an Komplementär-Gesellschaft erhalten haben

↓ Anwendung des § 20 UmwStG (siehe S. 55 ff.) verhindert Besteuerung der stillen Reserven der Kommanditanteile

Beachte: Die Sperrfristen sind insoweit zu beachten (siehe S. 87)

Beachte: Anwachsungen lösen i. d. R. die Grunderwerbsteuer aus, weswegen insoweit stets eine umfassende Analyse der Möglichkeiten im Vorfeld zu erfolgen hat (siehe S. 116 ff.)

Umwandlungen von Kapitalgesellschaften außerhalb des UmwStG

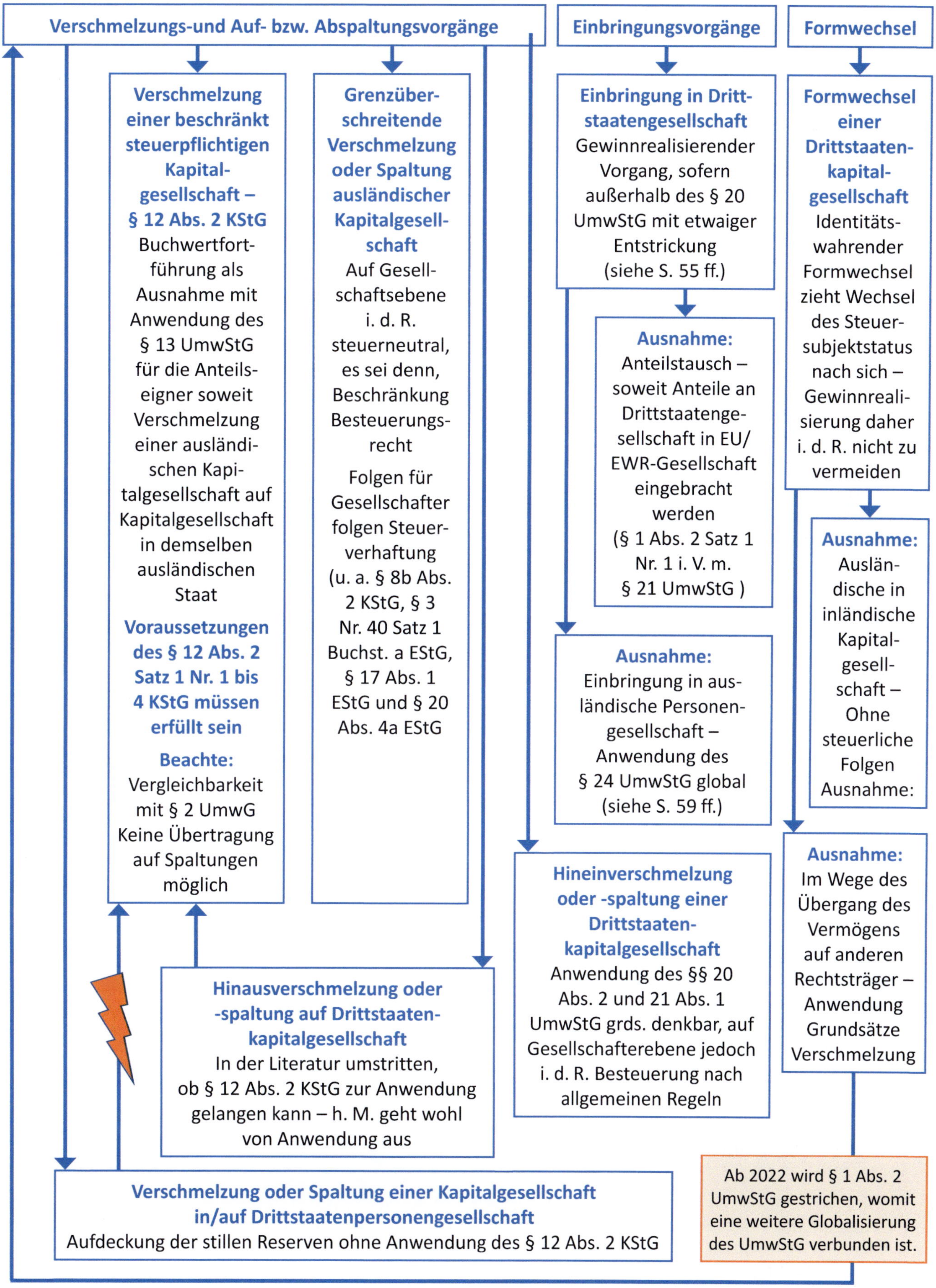

Sitzverlegung mit Inlandbezug

Grds. Eröffnung des Anwendungsbereich durch EuGH – jedoch zivilrechtlich hohe Hürden
National Grid Indus (EuGH v. 29.11.2011 – Rs. C-371/10), Cartesio (EuGH v. 16.12.2008 – C-210/06) und VALE (EuGH v. 12.07.2012 -C-378/10);
Im Einzelfall besondere zu beachten – praktisch schwer umsetzbar – insbesondere muss Unterscheidung zwischen statuarischem Sitz und Verwaltungssitz getroffen werden und nach Sitztheorie und Gründungstheorie unterschieden werden – ggf. kommt es nämlich zur Liquidation nach § 11 KStG;
Sofern eine Sitzverlegung (ausnahmsweise) ermöglicht werden kann, ergeben sich grds. steuerliche Folgen

Sitzverlegung aus dem Ausland in das Inland

1. Gesellschaftsebene
Begründung des deutschen Besteuerungsrechts durch unbeschränkte Steuerpflicht

Erfassung der Wirtschaftsgüter zum gemeinen Wert gemäß § 4 Abs. 1 Satz 8 HS 2 EStG i. V. m. § 6 Abs. 1 Nr. 5a EStG – vergleichbar Einlage und unabhängig von Entstrickung im Ausland

2. Gesellschafterebene
Ggf. Begründung des deutschen Besteuerungsrechts in Abhängigkeit vom Gesellschafter

Im Betriebsvermögen wird § 6 Abs. 1 Nr. 5a EStG angewendet

Im Privatvermögen keine Verstrickungsregelung gegeben; sofern Gesellschafter auch zuzieht § 17 Abs. 2 Satz 3 ff. EStG

Sitzverlegung aus dem Inland in EU/EWR-Staat

1. Gesellschaftsebene
Anwendungsbereich des § 12 Abs. 1 KStG eröffnet – unbeschränkte Steuerpflicht endet und ggf. beginnt eine beschränkte Steuerpflicht

Selbst passive Entstrickung ist möglich, wenn Zuordnung von Wirtschaftsgütern ohne Bewegung ins Ausland wechselt

Ausgleichspostens gemäß § 4g EStG für der Sitzverlegung nicht möglich

Verlustvorträge bleiben unberührt

2. Gesellschafterebene
Beschränkung des deutschen Besteuerungsrechts i. d. R. gegeben – Entstrickungsregelungen damit entsprechend anzuwenden

Ausnahme für SE/SCE-Anteile im Betriebsvermögen gemäß § 4 Abs. 1 Satz 5 EStG – Keine Besteuerung, jedoch Sonderregelung des § 15 Abs. 1a EStG um bei späteren Verkauf Besteuerung zu sichern

Ausnahme für SE/SCE-Anteile im Betriebsvermögen gemäß § 17 Abs. 5 EStG – Keine Besteuerung, jedoch Sonderregelung des § 15 Abs. 1a EStG um bei späteren Verkauf Besteuerung zu sichern

Sitzverlegung aus dem Inland in Drittstaat

1. Gesellschaftsebene
Steuerliche Folgen vergleichbar Sitzverlegung in EU/EWR-Staat

Keine Anwendung der Begünstigung für SE und SCE

Beachte: § 12 Abs. 3 KStG (siehe S. 101)

2. Gesellschafterebene
Steuerliche Folgen vergleichbar Sitzverlegung in EU/EWR-Staat

Keine Anwendung der Begünstigung für SE und SCE

Beachte: § 12 Abs. 3 KStG (siehe S. 101)

Beachte: Europäische Gesellschaft (SE) und Europäische Genossenschaft (SCE)
Es besteht die Möglichkeit den Sitz identitätswahrend und steuerneutral über die Grenze zu verlegen – Europäische Rechtsgrundlage in Art. 12 und 14 Fusionsrichtlinie und Art. 8 SE-VO

Sitzverlegung im Ausland

Auch wenn die Sitzverlegung keinen originären Inlandsbezug hat, können sich steuerliche Folgen im Inland ergeben. Zu unterscheiden ist zwischen drei Möglichkeiten der Sitzverlegung:

Sitzverlegung aus EU/EWR-Staat in Drittstaat

Anwendung des § 12 Abs. 3 KStG
Auflösung der Gesellschaft und Anwendung von § 11 KStG, wenn unbeschränkte Steuerpflicht in EU/EWR verloren geht oder Gesellschaft nach DBA als außerhalb der EU/EWR anzusehen ist

Verlegung von Geschäftsleitung oder Sitz
Allgemeine Grundsätze des §§ 10 und 11 AO anwendbar – Merkmale müssen kumulativ entfallen und damit unbeschränkte Steuerpflicht in EU/EWR beenden

Rechtsfolge
Auflösung nach § 11 KStG zum gemeinen Wert und somit unter Aufdeckung stiller Reserven soweit in Deutschland steuerverhaftet – Voraussetzungen des § 11 KStG müssen daher nicht zwingend erfüllt sein, da Anwendung durch § 12 Abs. 3 KStG bestimmt wird Deutsche Rechtsfolgen unabhängig von Rechtsfolgen in einem anderen Staat

Anwendung auch wenn Verlegung des Sitzes oder der Geschäftsleitung DBA-Folge ist – § 12 Abs. 3 Satz 2 KStG

Beachte:
Strittig, ob auch Auswirkungen für Gesellschafter

Sitzverlegung zwischen Drittstaaten

Anwendungsbereich des § 12 Abs. 3 KStG nicht eröffnet

Dennoch kann Entstrickung oder Verstrickung ausgelöst werden

Ausland zugeordnete Wirtschaftsgüter können durch Sitzverlegung Zuordnung zwischen Drittstaaten ändern – wenn vor Zuordnung Anrechnungs-DBA-Staat oder Staat ohne DBA ist Entstrickung gegeben und im umgekehrten Fall Verstrickung (siehe zu Begrifflichkeiten S. 111)

Entstrickung von Vermögen das im Inland steuerverhaftet ist, bspw. bei unterschiedlichen Ansässigkeitsvereinbarungen in DBA und Deutschland durch Sitzverlegung Besteuerungsrecht verliert

Sitzverlegung zwischen EU/EWR-Staaten

Grundsätzliche keine Folgen für Deutschland mangels Berührung deutscher Besteuerungsrechte

Ausnahme:
Abweichende DBA-Regelungen können Auswirkungen auslösen, wenn vor Sitzverlegung ein deutsches Besteuerungsrecht an den Anteilen (ausnahmsweise) bestand und dieses durch Sitzverlegung in anderen Staat ausgeschlossen wird – Sodann Entstrickungsregelungen anwendbar

Beachte: Praktisches Problem
Praktisch ist es problematisch von entsprechenden Sitzverlegung und etwaigen deutschen steuerlichen Folgen rechtzeitig zu erfahren. Insoweit ist Sensibilisierung erforderlich, um Risiken zu vermeiden.

Grenzüberschreitender Formwechsel innerhalb der EU

Eröffnung des Anwendungsbereich durch EuGH
Cartesio (EuGH v. 16.12.2008 – C-210/06) und VALE (EuGH v. 12.07.2012 – C-378/10); Formwechsel muss für Anwendung der Urteile identitätswahrend, also ohne Auflösung und Neugründung, erfolgen

Rechtsformkongruenter grenzüberschreitender Formwechsel
Formwechsel einer nach deutschem Recht errichteten Kapitalgesellschaft in eine nach ausländischem Recht errichtete Kapitalgesellschaft und umgekehrt
Kein Rechtsträgerwechsel

Gesellschaftsebene
Herausformwechsel: Es ist davon auszugehen, dass das UmwStG nicht angewendet werden kann – Kein Vorliegen eines umwandlungssteuerlichen Vorgangs – Steuerneutralität hängt daher von Beschränkung des deutschen Besteuerungsrechts ab
Hineinformwechsel:
Begründung des deutschen Besteuerungsrechts und grds. Verstrickung sowie Anwendung der unbeschränkten Steuerpflicht

Gesellschafterebene
Herausformwechsel:
Entstrickungsfolgen auch für Gesellschafter – Differenzierung jedoch danach, ob Gesellschafter unbeschränkt oder beschränkt steuerpflichtig ist
Hineinformwechsel:
unbeschränkt steuerpflichtige Gesellschafter i. d. R. ohne Folgen, während für beschränkt steuerpflichtige Gesellschafter ggf. erstmals Steuerverstrickung erfolgen kann

Rechtsforminkongruenter grenzüberschreitender Formwechsel
Formwechsel einer Kapitalgesellschaft in eine Personengesellschaft bzw. umgekehrt – Veränderung des ertragsteuerlichen Zuordnungssubjekts
Rechtsträgerwechsel

Gesellschaftsebene
Herausformwechsel: h. M. geht von Anwendbarkeit des UmwStG aus – vergleichbar § 1 Abs. 1 Nr. 2 UmwStG – sodann Anwendung des § 9 i. V. m. § 3 ff. UmwStG bzw. § 25 i. V. m. §§ 20 ff. UmwStG (siehe S. 55 ff.)
Hineinformwechsel: Beschränkung der Anwendung des UmwStG auf Gesellschaft nach Formwechsel laut h. M. im Schrifttum – dies gilt dann bspw. für § 4 UmwStG (über § 9 UmwStG) oder § 20 Abs. 2 UmwStG (über § 25 UmwStG) (siehe S. 73 ff.)

Gesellschafterebene
Herausformwechsel:
Folgen auf der Gesellschaftsebene sind auf die Gesellschafterebene zu übertragen
Hineinformwechsel:
Folgen auf der Gesellschaftsebene sind auf die Gesellschafterebene zu übertragen

Beachte: Drittstaaten
Anwendungsbereich für Drittstaatengesellschaften ist fraglich, es muss insoweit Rechtsprechung des EuGH im Lichte des Einzelfalls anhand der Rechtslage in dem ausländischen Staat bestimmt werden

Verschmelzung von Investmentfonds gemäß § 23 InvStG

Inländische Investmentfonds nach dem Kapitel 2 des InvStG

Verschmelzung nach §§ 181 bis 191 KAGB

Übertragender Investmentfonds
Hat zu übertragenden Vermögensgegenstände und Verbindlichkeiten (Nettoinventar), mit Anschaffungskosten abzüglich der Abschreibung zu Geschäftsjahresende als Übertragungsstichtag anzusetzen, § 23 Abs. 1 Satz 1 Nr. 1 InvStG

Übernehmender Investmentfonds
Hat übernommene Vermögensgegenstände und Verbindlichkeiten mit fortgeführten Anschaffungskosten zu Beginn des dem Übertragungsstichtag folgenden Tages anzusetzen, § 23 Abs. 1 Satz 1 Nr. 2 InvStG

Eintritt in die steuerliche Rechtsstellung, § 23 Abs. 2 InvStG

Anleger
Ausgabe der Anteile am übernehmenden Investmentfonds an Anleger des übertragenden Investmentfonds gilt nicht als Tausch, § 23 Abs. 3 Satz 1 InvStG

Keine Gewinnrealisierung, unabhängig davon, ob betrieblich oder privat beteiligter Anleger

Erworbene Anteile treten an Stelle der Anteile am übertragenden Investmentfonds, § 23 Abs. 3 Satz 2 InvStG

Ausnahme Barzahlung an Anleger: gilt als Ertrag nach § 16 Abs. 1 Nr. 1 InvStG, § 23 Abs. 3 Satz 3 InvStG

Beachte: Besonderheit der Verschmelzung ausländischer Investmentfonds – § 23 Abs. 4 InvStG
Analoge Anwendung der vorstehenden Aspekte, sofern Investmentfonds demselben Recht eines Amts-und Beitreibungshilfe leistenden ausländischen Staats unterliegt

5. Umwandlungen im Internationalen Steuerrecht

Überblick der Umwandlungsvorgänge im Internationalen Steuerrecht

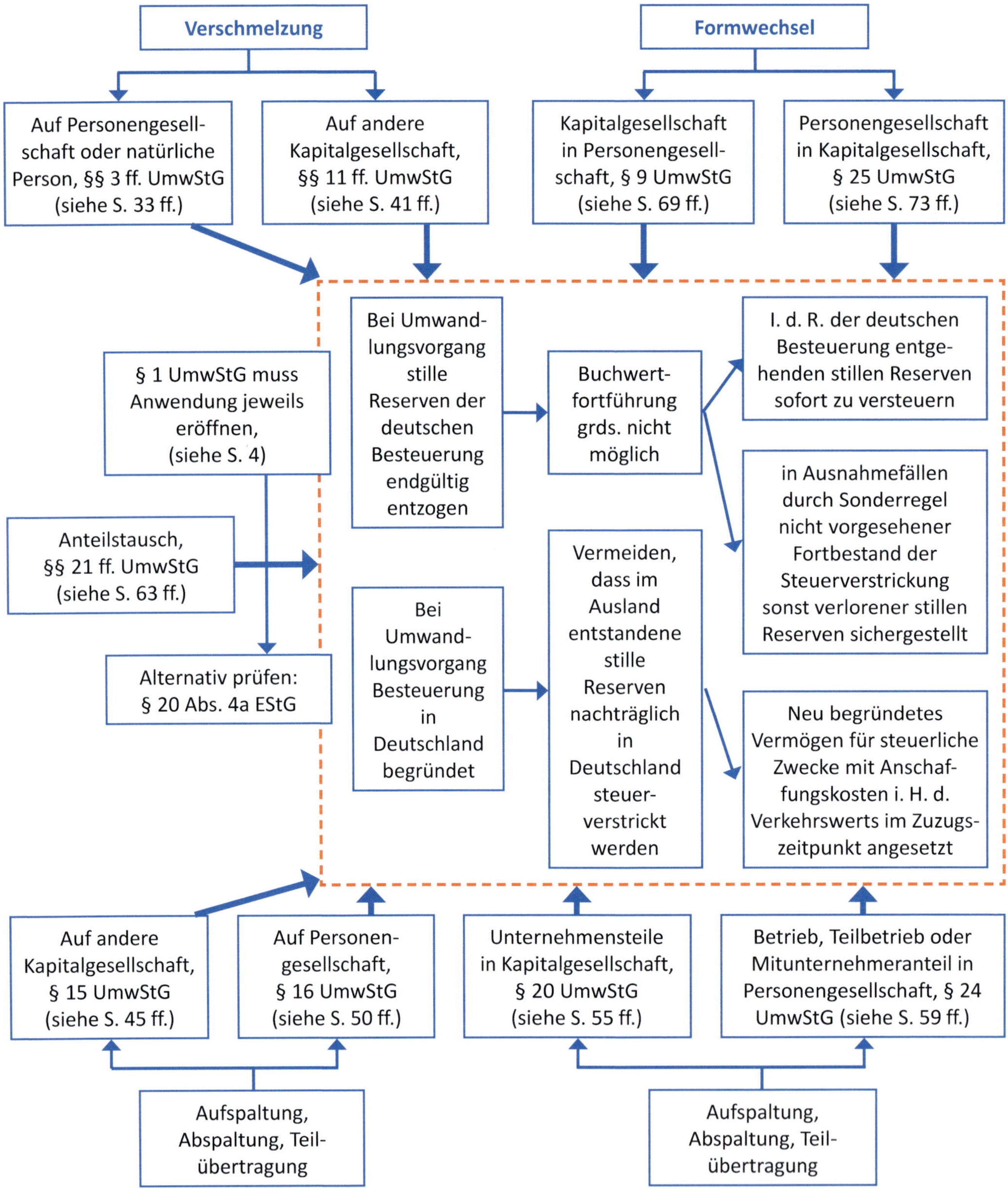

Beachte:
Durch das SEStEG als Umsetzung der Fusionsrichtlinie wurde das UmwStG für EU-Umwandlungen geöffnet, womit diese steuerlich den Inlandsumwandlungen nähergestellt werden; Drittstaatenumwandlungen sind grds. nicht erfasst

Ab 2022 wird § 1 Abs. 2 UmwStG gestrichen, womit eine weitere Globalisierung des UmwStG verbunden ist.

Besonderheiten bei grenzüberschreitenden Umwandlungsvorgängen

Umwandlungen über die Grenze
Umwandlungsvorgänge sind auch über die Grenze möglich, dabei ist zu unterscheiden zwischen:

Umwandlung mit Bezug zu einem EU/EWR-Staat
Mindestens einer der beteiligten Rechtsträger ist im EU/EWR-Ausland ansässig, während mindestens ein anderer beteiligter Rechtsträger im Inland ansässig ist

- **Umwandlung aus dem Inland in das EU/EWR-Ausland**
  Steuerliche Relevanz für Zwecke der Ertragsteuer, wenn deutsches Besteuerungsrecht beschränkt wird
  Hinausumwandlung
- **Umwandlung aus dem EU/EWR-Ausland in das Inland**
  Steuerliche Relevanz für Zwecke der Ertragsteuer, wenn deutsches Besteuerungsrecht begründet wird
  Hineinumwandlung

Durch SEStEG weitgehend in den Anwendungsbereich des UmwStG einbezogen und für Vorgänge entsprechend anwendbar – Europäisierung des Umwandlungssteuerrechts
Dies heißt jedoch nicht, dass Gewinnrealisierung ausgeschlossen sind – dies nur soweit keine Beschränkung inländischer Besteuerungsrechte (siehe zu Entstrickung und Verstrickung S. 110 f.)

Ausnahme: Keine Vergleichbarkeit des Umwandlungsvorgang mit entsprechendem deutschen Vorgang

Umwandlung mit Bezug zum Drittland
Mindestens einer der beteiligten Rechtsträger ist im Drittland ansässig, während mindestens ein anderer beteiligter Rechtsträger im Inland ansässig ist

- **Umwandlung aus dem Inland in das Drittland**
  Steuerliche Relevanz für Zwecke der Ertragsteuer, wenn deutsches Besteuerungsrecht beschränkt wird
  Hinausumwandlung
- **Umwandlung aus dem Drittland in das Inland**
  Steuerliche Relevanz für Zwecke der Ertragsteuer, wenn deutsches Besteuerungsrecht begründet wird
  Hineinumwandlung

Durch SEStEG wurde der Anwendungsbereich des UmwStG nicht auf Drittstaatenumwandlungen erweitert – keine Internationalisierung des Umwandlungssteuerrechts
Anwendung der allgemeinen ertragsteuerlichen Regelungen

Ausnahmen: § 12 Abs. 2 KStG regelt Drittstaatenverschmelzungen beschränkt steuerpflichtiger Kapitalgesellschaften (siehe S. 99) und § 24 UmwStG (siehe S. 59 ff.) hat einen globalen Anwendungsbereich

Beachte:
Im Einzelfall muss stets geprüft werden, ob die Umwandlung mit Auslandsbezug den persönlichen und sachlichen Anwendungsbereich des UmwStG eröffnet

Ab 2022 wird § 1 Abs. 2 UmwStG gestrichen, womit eine weitere Globalisierung des UmwStG verbunden ist.

Besonderheiten bei ausländischen Umwandlungsvorgängen

Umwandlungen im Ausland

Umwandlungsvorgänge können auch inländische Implikationen auslösen, wenn diese ausschließlich im Ausland stattfinden:

Umwandlung in einem EU/EWR-Staat bzw. zwischen EU/EWR-Staaten

Mindestens einer der beteiligten Rechtsträger ist im EU/EWR-Ausland ansässig, während mindestens ein anderer beteiligter Rechtsträger im Inland ansässig ist

Umwandlung zwischen einem EU/EWR-Staat und einem Drittland oder andersrum

Mindestens einer der beteiligten Rechtsträger ist im EU/EWR-Ausland ansässig, während mindestens ein anderer beteiligter Rechtsträger im Inland ansässig ist

Umwandlung in einem Drittland bzw. zwischen Drittländern

Mindestens einer der beteiligten Rechtsträger ist im Drittland ansässig, während mindestens ein anderer beteiligter Rechtsträger im Inland ansässig ist

Relevanz im Inland: Soweit es sich um eine Auslandsumwandlung mit Inlandberührung handelt

Inlandsberührung kann für den Anteilseigner gegeben sein, wenn es sich um eine Auslandsumwandlung handelt

Inlandsberührung kann auf Gesellschaftsebene gegeben sein, sofern inländische Betriebsstätten ausländischer Gesellschafter beteiligt sind

Der Anwendungsbereich des UmwStG wird in aller Regel nicht eröffnet sein, weswegen auf die allgemeinen steuerlichen Regelungen zurückgegriffen werden muss

Beachte:

Neben der Auslandsumwandlung mit Inlandberührung sind umgekehrt auch Inlandsumwandlungen mit Auslandsberührung denkbar. Soweit dabei Deutschland berührt wird, kann grds. der Anwendungsbereich des UmwStG eröffnet sein

Allgemeines zur Entstrickung und Verstrickung

Allgemeiner Entstrickungstatbestand
(siehe S. 110)

Sicherung der Besteuerung stiller Reserven

Besteuerung stiller Reserven soll insoweit erfolgen, wie das deutsche Besteuerungsrecht hinsichtlich des Gewinns aus Veräußerung oder Nutzung eines Wirtschaftsgutes ausgeschlossen oder beschränkt wird

Mittel:
Gleichstellung mit Entnahme bzw. Veräußerung

↔ Korrespondenz

Allgemeiner Verstrickungstatbestand
(siehe S. 111)

Sicherung der Besteuerung stiller Reserven

Wird Besteuerungsrecht Deutschlands hinsichtlich Gewinn aus Veräußerung eines Wirtschaftsgutes begründet (auch „Wiederbegründung“), erfolgt Verstrickung

Mittel:
Gleichstellung mit Einlage

Beachte:
Wegzugsbesteuerung § 6 AStG (siehe S. 112)

Grundsatz

- Rechtsträgerwechsel (Einzel-/ Gesamtrechtsnachfolge)
- Vermögen verlässt bzw. betritt betriebliche Sphäre
- Steuerpflicht endet oder beginnt
- Wirtschaftsgut wird deutschem Besteuerungszugriff entzogen oder zugeführt

Was?
Gewinn oder Nutzung – somit auch Nutzungsimport

Was?
Gewinn oder Nutzung – somit auch Nutzungsexport

↔ Divergenz

Was?
Gewinn – nur einlagefähige Wirtschaftsgüter

Wo?
§ 4 Abs. 1 Satz 3 ff. EStG
§ 12 Abs. 1 KStG

Wo?
§ 4 Abs. 1 Satz 8 EStG
(über § 8 Abs. 1 KStG auch für KSt)

Beachte: Möglichkeit für Ausgleichsposten
Grundsatz über 5 Jahre bei Entstrickung
§ 4g EStG

Beachte: ATADUmsG
Es ist eine Erweiterung des § 4 Abs. 1 Satz 3 und 8 EStG sowie § 12 KStG vorgenommen worden

Besonderheiten bei der Entstrickung

§ 4 Abs. 1 Satz 3 und Satz 4 EStG
– Rechtsträgerwechsel;
– Vermögen verlässt betriebliche Sphäre;
– Steuerpflicht endet;
– Wirtschaftsgut wir deutschem Besteuerungszugriff entzogen;
– Nutzungsexport mit erfasst

Verbringung von Wirtschaftsgütern in eine ausländische Betriebsstätte

Verbringung eines Wirtschaftsguts zwischen zwei ausländischen Betriebsstätten

Wirtschaftsgut aus Betriebsstätte mit Anrechnungsmethode in Betriebsstätte mit Freistellungsmethode überführt

Wirtschaftsgut aus Nicht-DBA-Betriebsstätte in DBA-Betriebsstätte überführt

Strittig für Wegfall eines Wirtschaftsgut aus Hinzurechnungsbesteuerung

Verbringung von Wirtschaftsgütern aus einer inländischen Betriebsstätte eines beschränkt Steuerpflichtigen in das Ausland

Grundfall:
Verbringung eines Wirtschaftsguts aus inländischen Betrieb in ausländische Betriebsstätte des Steuerpflichtigen

Dann: Freistellungsmethode – Ausschluss
Anrechnungsmethode – Beschränkung

Gesetzliche Festschreibung der finalen Entnahme bzw. finalen Betriebsaufgabe

Grundsätze der Aufteilung des Besteuerungssubstrats zu beachten

Sitzverlegung des Steuerpflichtigen

Überführung einzelner Wirtschaftsgüter, ohne diese zu bewegen
Siehe BsGaV §§ 5 ff. ab dem 31.12.2014

Zentralfunktion des Stammhauses? Unklar!

Zentralfunktionstheorie: Wirtschaftsgüter, die Stammhaus zuzuordnen waren, sind ausländischen Stammhaus zuzuordnen, sobald Stpfl. Hauptsitz aus Deutschland rausverlegt und Stammhaus Betriebsstätte wird

Je nach DBA Beschränkung oder Ausschluss des Besteuerungsrechts Deutschlands

Tatbestände ohne Steuerpflichtigem zurechenbare Handlung

Sog. passive Entstrickung nach h. M. möglich

Beispiel:
– Wirtschaftsgut einer Betriebstätte scheidet durch den Abschluss eines DBAs aus dem deutschen Besteuerungsrecht aus
– Änderungen eines DBAs
– Änderung des Besteuerungsrechts weg vom Sitzstaat der Gesellschaft hin zum (Wohn-) Sitzstaat des Gesellschafters

Zuordnung richtet sich bei Betriebsstätten in allen Fällen jeweils nach BsGaV
Beachte: Anwendbarkeit der BsGaV

Folgen jeweils zum gemeinem Wert
EStG: Entnahme für betriebsfremde Zwecke
KStG: Veräußerung oder Überlassung

Beachte jedoch: Ausgleichsposten nach § 4g EStG
– Nur für EU-Fälle
– Gewinn über fünf Jahre zu verteilen

Beachte:
Geltung für KStG
Entstrickungstatbestand
des § 12 Abs. 1 KStG

Besonderheiten bei der Verstrickung

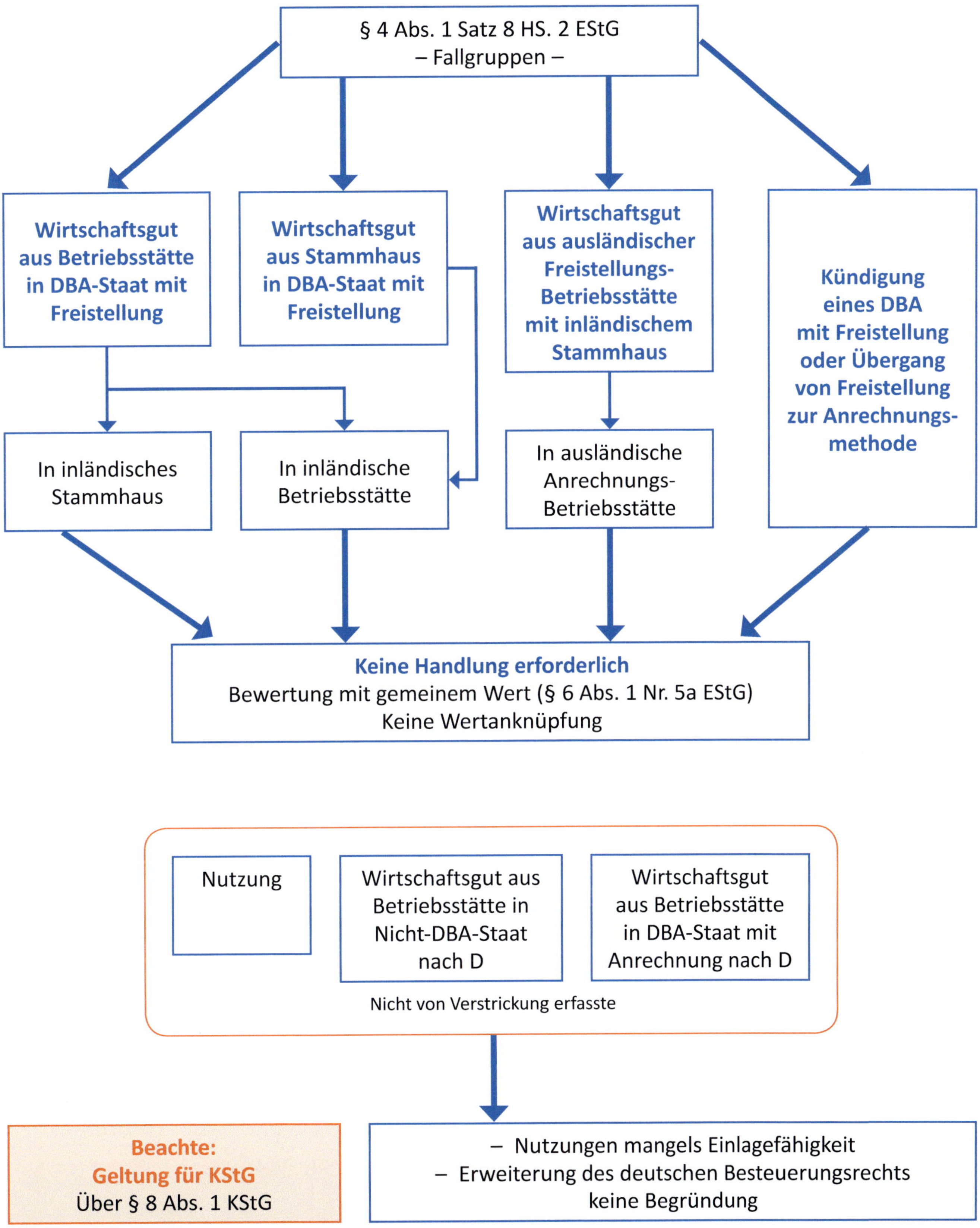

Wegzugsbesteuerung gemäß § 6 AStG

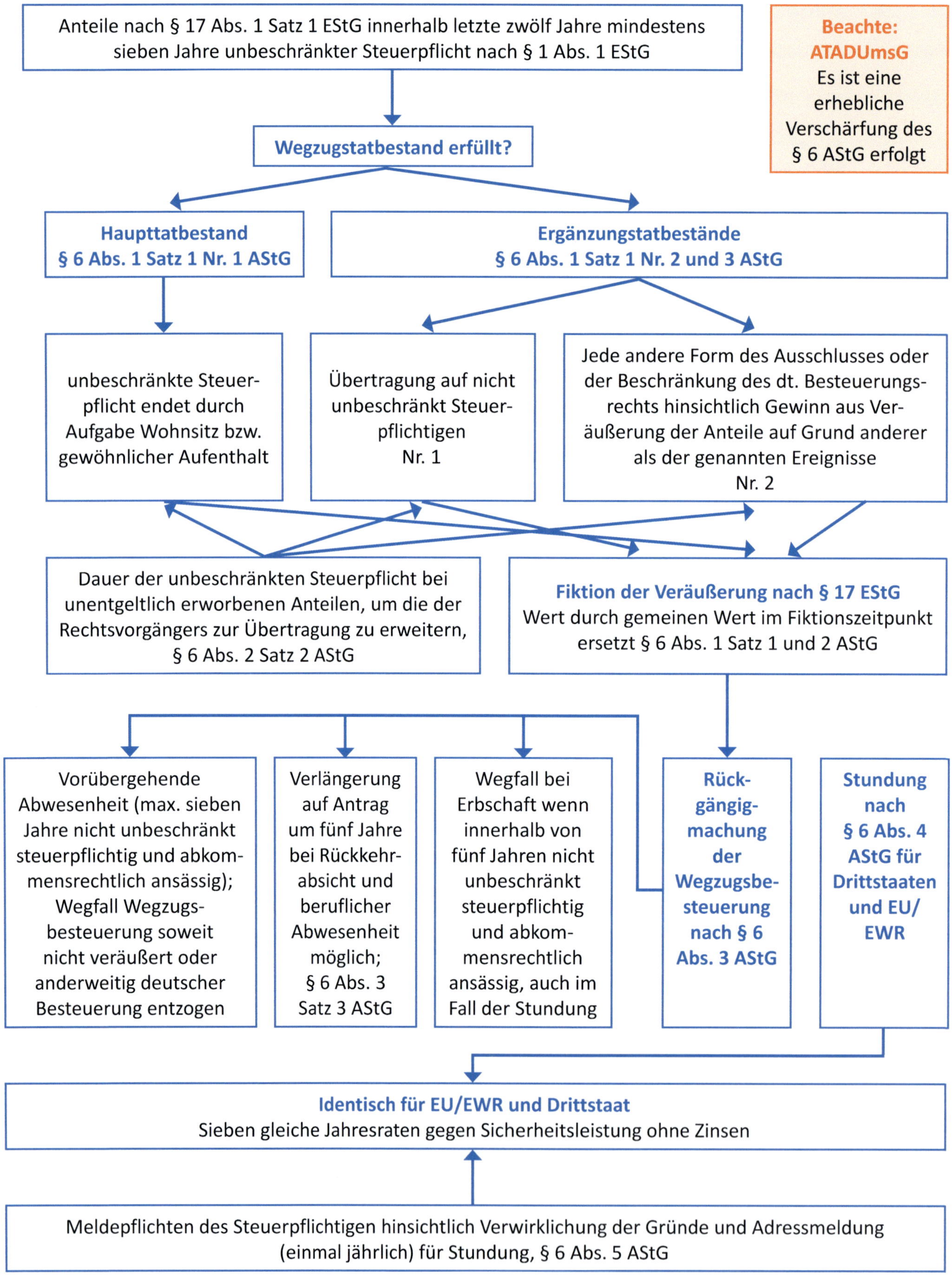

§ 50i EStG im Kontext von Umwandlungsvorgängen

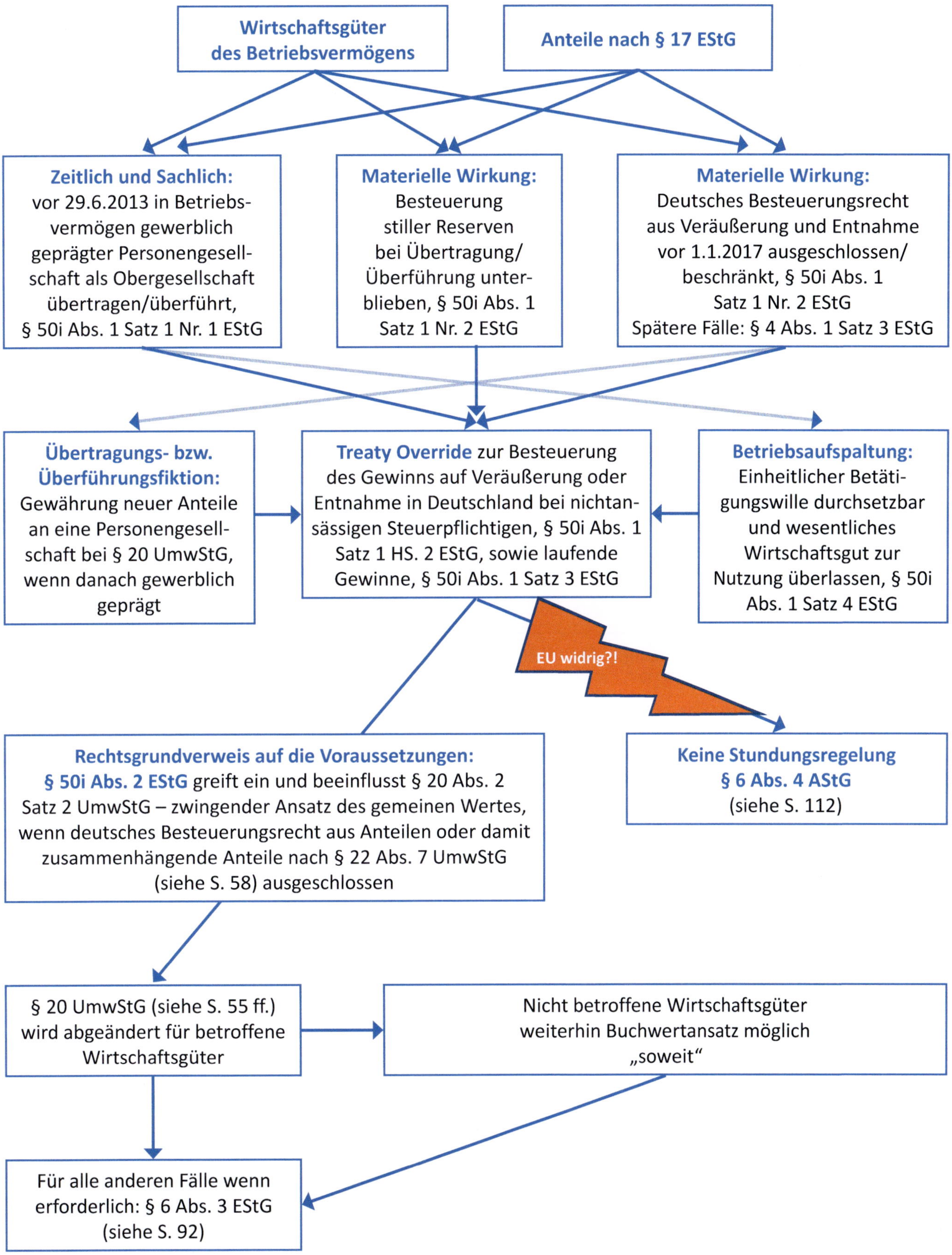

Umwandlungsvorgänge in der Hinzurechnungsbesteuerung

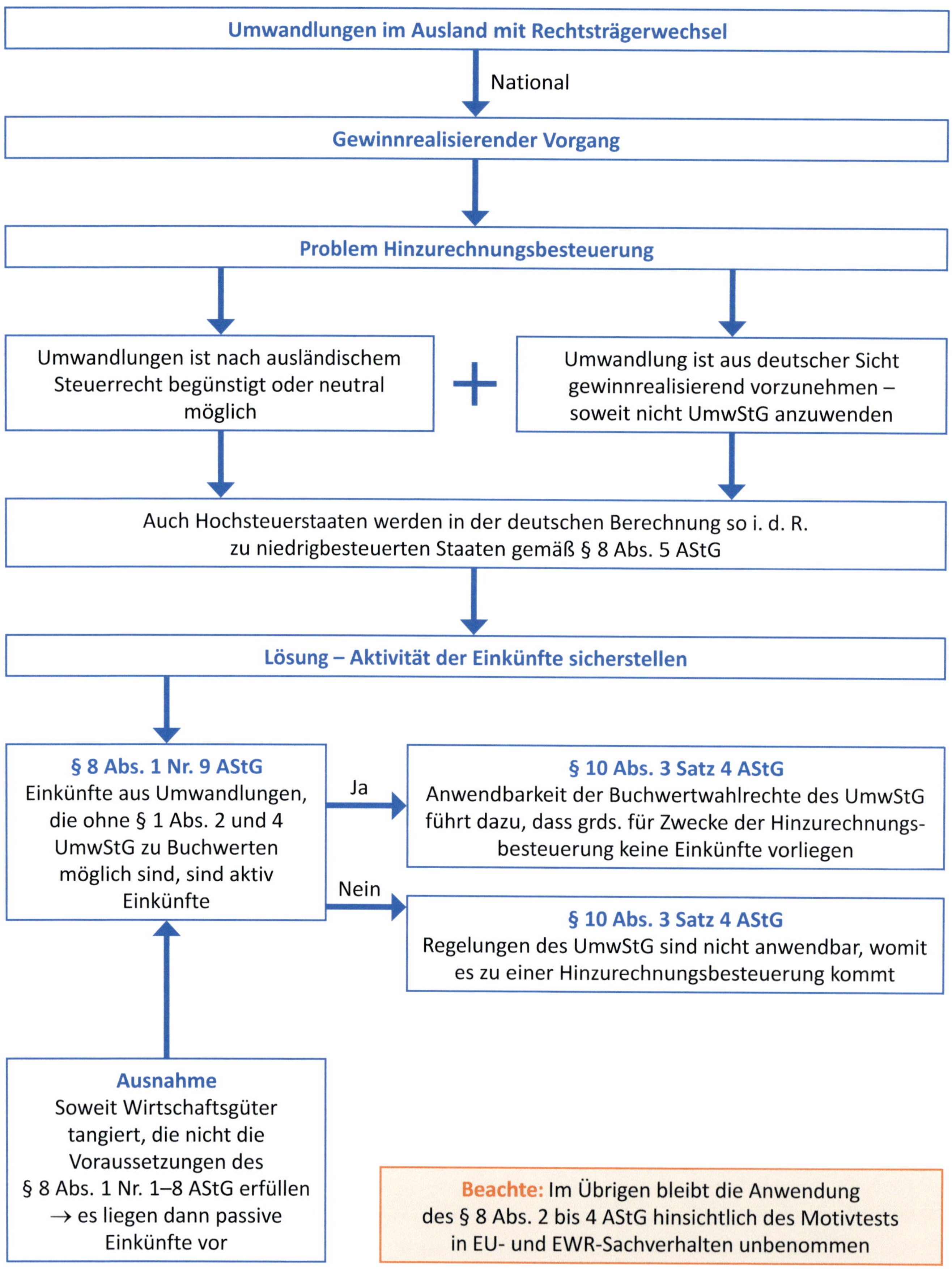

6. Spezialthemen im Umwandlungs-steuerrecht

Grunderwerbsteuer bei Umwandlungsvorgängen – Steuerauslösende Vorgänge

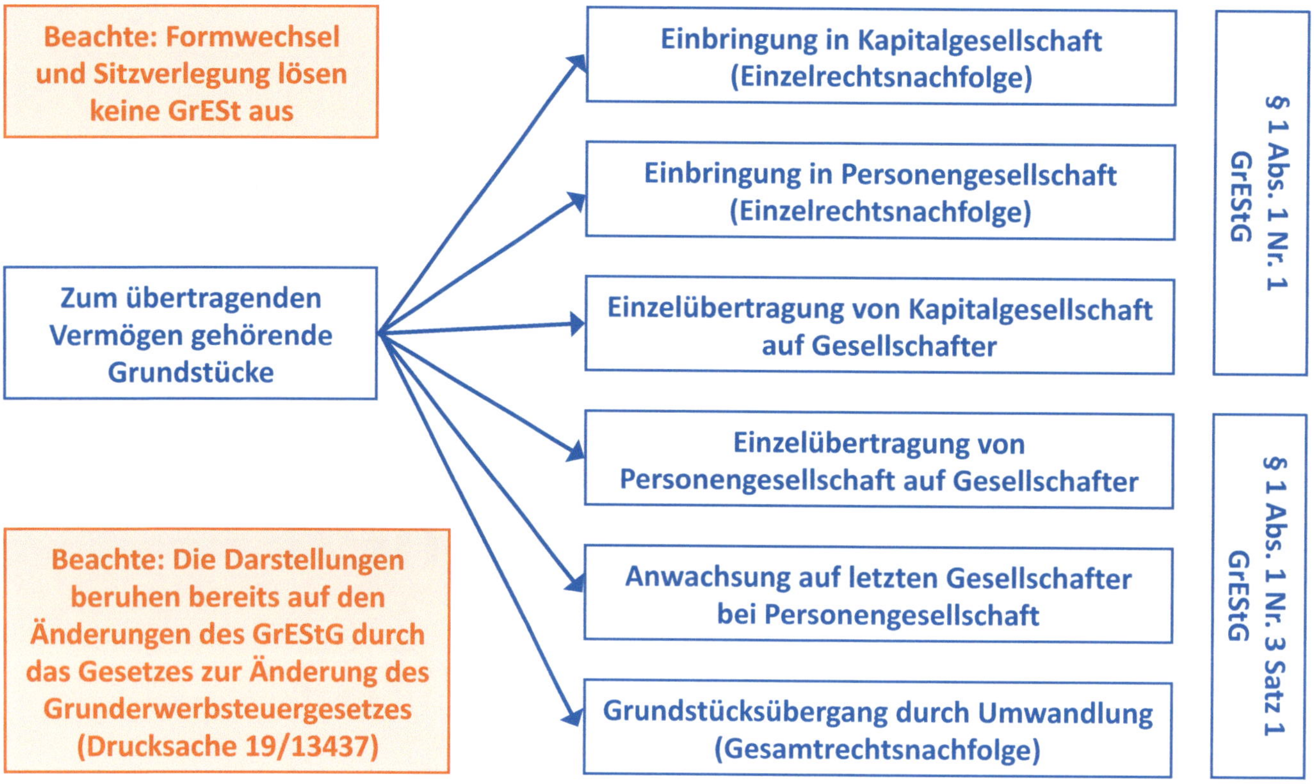

Verwertungsbefugnis, § 1 Abs. 2 GrEStG

90 % Wechsel bei grundbesitzender Personengesellschaft, § 1 Abs. 2a GrEStG
10-Jahres-Frist zu beachten

90 % Wechsel bei grundbesitzender Kapitalgesellschaft, § 1 Abs. 2b GrEStG
10-Jahres-Frist zu beachten

90 % Vereinigung in einer Hand bei grundbesitzender Gesellschaft, § 1 Abs. 3 Nr. 1 und 2 GrEStG
10-Jahres-Frist zu beachten

Übertragung vereinigter Anteile an grundbesitzender Gesellschaft,
§ 1 Abs. 3 Nr. 3 und 4 GrEStG

Anteilsvereinigung im Fall des Organkreises,
§ 1 Abs. 3 und Abs. 4 Nr. 2 Buchst. b GrEStG

Wirtschaftliche Beteiligung an grundbesitzenden Gesellschaften,
§ 1 Abs. 3a GrEStG

Grunderwerbsteuer bei Umwandlungsvorgängen – Steuerbefreiungen

Selbstverständlich muss hinsichtlich der grunderwerbsteuerlichen Steuerbefreiungen stets im Einzelfall geprüft werden, ob eine Anwendung möglich ist. Im Grundsatz sind jedoch die folgenden Normen möglich und könnten herangezogen werden:

Vorgang	Mögliche Steuerbefreiungen
Einbringung in Personengesellschaft (Einzelrechtsnachfolge) gemäß § 1 Abs. 1 Nr. 1 GrEStG	• § 3 Nr. 4 GrEStG • § 3 Nr. 6 GrEStG • § 5 Abs. 2 und 3 GrEStG • § 6 Abs. 3 i. V. m. 4 Satz 1 und 2 GrEStG
Einzelübertragung von Personengesellschaft auf Gesellschafter gemäß § 1 Abs. 1 Nr. 1 GrEStG	• § 6 Abs. 1 oder 2 GrEStG • § 6 Abs. 3 i. V. m. 4 Satz 1 und 2 GrEStG
Anwachsung auf letzten Gesellschafter bei Personengesellschaft gemäß § 1 Abs. 1 Nr. 3 Satz 1 GrEStG	• § 6 Abs. 2 GrEStG • § 6 Abs. 3 i. V. m. 4 Satz 1 und 2 GrEStG
Grundstücksübergang durch Umwandlung (Gesamtrechtsnachfolge) gemäß § 1 Abs. 1 Nr. 3 Satz 1 GrEStG	• § 3 Nr. 4 GrEStG • § 3 Nr. 6 GrEStG • § 5 Abs. 2 und 3 GrEStG • § 6 Abs. 1 oder 2 GrEStG • § 6 Abs. 3 i. V. m. 4 Satz 1 und 2 GrEStG
90 % Wechsel bei grundbesitzender Personengesellschaft, § 1 Abs. 2a GrEStG	• § 3 Nr. 1 GrEStG • § 3 Nr. 2 Satz 1 GrEStG • § 3 Nr. 4 GrEStG • § 3 Nr. 6 GrEStG • § 3 Nr. 8 GrEStG • § 6 Abs. 3 i. V. m. 4 Satz 1 und 2 GrEStG
90 % Vereinigung in einer Hand bei grundbesitzender Gesellschaft, § 1 Abs. 3 Nr. 1 und 2 GrEStG	• § 3 Nr. 2 GrEStG (nach BFH II R 35/14) • § 6 Abs. 2 GrEStG (in Grenzen der (teilweise unmittelbaren) Anteilvereinigung an Personengesellschaft
Übertragung vereinigter Anteile an grundbesitzender Gesellschaft, § 1 Abs. 3 Nr. 3 und 4 GrEStG	• § 3 Nr. 2 GrEStG • § 3 Nr. 4 GrEStG • § 3 Nr. 6 GrEStG • § 5 Abs. 2 GrEStG • § 6 Abs. 2 GrEStG
Anteilsvereinigung im Fall des Organkreises, § 1 Abs. 3 und Abs. 4 Nr. 2 Buchst. b GrEStG	• § 3 Nr. 2 GrEStG (nach BFH II R 35/14) • § 6 Abs. 2 GrEStG (in Grenzen der (teilweise unmittelbaren) Anteilvereinigung an Personengesellschaft
Wirtschaftliche Beteiligung an grundbesitzenden Gesellschaften, § 1 Abs. 3a GrEStG	• § 3 Nr. 2 GrEStG • § 3 Nr. 4 GrEStG • § 3 Nr. 6 GrEStG • § 6 Abs. 2 GrEStG

Grunderwerbsteuer bei Umwandlungsvorgängen – Konzernklausel

Begünstigte Vorgänge gemäß § 6a Satz 1 und 2 GrEStG

Übertragende Umwandlungen (§ 1 Abs. 1 Nr. 1 bis 3 UmwStG), § 6a Satz 1 GrEStG

Einzelrechtsnachfolgen auf gesellschaftsvertraglicher Grundlage (u. a. Einbringungen), § 6a Satz 1 GrEStG

Entsprechende grenzüberschreitende Vorgänge (EU und EWR), § 6a Satz 2 GrEStG

Beteiligte Rechtsträger gemäß § 6a Satz 3 GrEStG

ein herrschendes Unternehmen und ein oder mehrere abhängige Gesellschaften

oder

mehrere von einem herrschenden Unternehmen abhängige Gesellschaften

Herrschendes Unternehmen, § 6a Satz 3 GrEStG

Verwaltungsauffassung (Ländererlass v. 19.6.2012, BStBl. I 2012, 662, Rz. 2.2.): Nach UStG auszulegen – Unternehmer gemäß § 2 Abs. 1 UStG und Beteiligung an abhängigen Unternehmen gehört während Vorbesitzzeit und Behaltefrist zum Unternehmensvermögen BFH (II R 62/14): Jede wirtschaftlich tätige natürliche oder juristische Person, Personengesellschaft oder Personenvereinigung

Vor- und Nachbehaltensfrist, § 6a Satz 4 GrEStG

Beteiligung muss seit fünf Jahren vor Umwandlung ununterbrochen bestehen (Vorbehaltensfrist) und auch fünf Jahre nach Umwandlung ununterbrochen fortbestehen (Nachbehaltensfrist)

Abhängige Gesellschaft, § 6a Satz 4 GrEStG

Gesellschaft, an deren Kapital oder Gesellschaftsvermögen herrschende Unternehmen Beteiligung von mindestens 95 % hält

Beachte: Prüfung des Vorliegens einer Beihilfe durch den EuGH
Ist § 6a GrEStG eine neu eingeführte Beihilfe gemäß Art. 107 Abs. AEUV? – Vorlage an den EuGH mit Beschluss vom 30.5.2017 (II R 62/14) durch den BFH zur Vorabentscheidung
BFH verneinte dies, genauso wie folgend der EuGH mit Urteil vom 19.12.2018 (C 374/17 „A-Brauerei")

Beachte: § 6a GrEStG wird durch das Gesetz zur Änderung des Grunderwerbsteuergesetzes (Drucksache 19/13437) nicht geändert!

Umsatzsteuer bei Umwandlungsvorgängen – Grundsätzliche Fragestellungen

Umsatzsteuerliche Folgen für den übertragenden Rechtsträger

↓

Steuerbarer Umsatz gemäß § 1 Abs. 1 Nr. 1 UStG

Es stellt sich die Frage, ob der übertragende Rechtsträger einen steuerbaren Umsatz erbringt. Durch die Übertragung des Vermögens wird dem übernehmenden Rechtsträger die Verfügungsmacht an körperlichen Gegenständen als Lieferungen gemäß § 3 Abs. 1 UStG verschafft. Nicht körperliche Gegenstände sind insoweit sonstige Leistungen gemäß § 3 Abs. 9 UStG.

Entgeltlichkeit ist gegeben, wenn der übernehmende Rechtsträgers Anteile gewährt oder Verbindlichkeiten übernimmt (§ 10 Abs. 1 Satz 2 UStG).

↓

Geschäftsveräußerung im Ganzen gemäß § 1 Abs. 1a UStG

Erfüllen der Voraussetzungen des § 1 Abs. 1a UStG hinsichtlich der Übertragung

Siehe S. 121

↓

Ende der Unternehmereigenschaft

Sofern der übertragende Rechtsträger erlischt, endet die unternehmerische Tätigkeit und der Unternehmerstatus gemäß § 2 Abs. 1 UmwStG

Umsatzsteuerliche Folgen für den übernehmenden Rechtsträger

↓

Steuerbarer Umsatz gemäß § 1 Abs. 1 Nr. 1 UStG

Es stellt sich die Frage, ob der übernehmende Rechtsträger einen steuerbaren Umsatz erbringt. Sowohl die Gewährung von Anteilen als auch die Übernahme von Verbindlichkeiten sind nicht steuerbar, da der bloße Erwerb und das bloße Halten von Gesellschaftsanteilen nicht als wirtschaftliche Tätigkeiten anzusehen sind und bei Verbindlichkeitenübernahme kein Leistung erbracht wird.

↓

Geschäftsveräußerung im Ganzen gemäß § 1 Abs. 1a UStG

Erfüllen der Voraussetzungen des § 1 Abs. 1a UStG hinsichtlich der Rechtsnachfolge

Siehe S. 121

↓

Vorsteuerabzug

Anspruch auf Vorsteuerabzug aus Leistungen im Zusammenhang mit Umwandlung wie bspw. rechtliche Beratung und notarielle Beurkundung für übernehmenden Rechtsträger

Umfang des Vorsteuerabzugs richtet sich nach Ausführung vorsteuerabzugsschädlicher Verwendungsumsätze gemäß § 15 Abs. 2 UStG durch übertragenden Rechtsträger

Beachte: Beziehung Gesellschaft und Gesellschafter (siehe S. 120)

Beachte: Organschaft

Umsatzsteuerliche Organschaften können zu andere Implikationen als vorstehend geschildert führen

Beachte: Einbringungen

Die vorstehenden Fragestellungen sind hinsichtlich des Einbringenden und des aufnehmenden Rechtsträgers zu beantworten

Beachte: Formwechsel

Der Formwechsel hat keine umsatzsteuerlichen Rechtsfolgen. Der formwechselnde Rechtsträger erbringt im Zusammenhang mit dem Formwechsel keine steuerbaren Umsätze – umsatzsteuerrechtliche Unternehmer – sowie Unternehmensidentität

Umsatzsteuer bei Umwandlungsvorgängen – Verhältnis zwischen Gesellschaft und Gesellschafter

Gründung einer Gesellschaft und Eintritt von Gesellschaftern

Gesellschafter ⇄ Gesellschaft

Leistung des Gesellschafters zum Erhalt der Anteile

Bareinlage
Geldleistung des Gesellschafters zur Gründung oder zum Beitritt;
Gesellschafter erbringt keine Leistung an die Gesellschaft, bloße Hingabe von Geld;
Gesellschaft erbringt keine Leistung an den Gesellschafter, bloße Ausgabe der Anteile;
Kein umsatzsteuerlicher Leistungsaustausch
Abschnitt 1.6 Abs. 1 Satz 4 und Abs. 2 Satz 1 f. UStAE

Sacheinlage
Lieferung oder sonstige Leistung des Gesellschafters zur Gründung oder zum Beitritt, jedoch kein § 1 Abs. 1a UStG;
Gesellschafter erbringt Leistung in Form eines tauschähnliches Umsatzes an die Gesellschaft, Bemessung nach dem Wert der Gegenleistung;
Gesellschaft erbringt keine Leistung an den Gesellschafter, bloße Ausgabe der Anteile
Abschnitt 1.6 Abs. 2 Satz 4 UStAE

Leistungen während des bestehenden Gesellschaftsverhältnisses

Gesellschafterbeitrag
Gesellschaftsrechtliches Beitragsverhältnis;
Gesellschafter wird für die Gesellschaft tätig, ohne konkrete Gegenleistung;
u. a.: konkret fehlende Gegenleistung und bloße Gewinnbeteiligung, Gewinnvorab nur im Gewinnfall

Sonderentgelt
Schuldrechtliches Austauschverhältnis

Überlassung von Gegenständen und Dienstleistung
Gesellschafter wird unabhängig von Gewinn für Überlassung vergütet;
Nutzungsrecht der Gesellschaft kann nicht „einfach" eingeschränkt werden;
Pauschalvergütungen und Abschläge unschädlich

Geschäftsführungsvergütung
Gesellschafter wird unabhängig von Gewinn für Geschäftsführung vergütet;
Im Wesentlichen muss erkennbar sein, dass der Gesellschafter stets für die Führung der Gesellschaft „entlohnt" wird;
Auch möglich wenn nur Teil der Gesellschafter betroffen

Mischentgelt
Aufteilung in Gesellschafterbeitrag und Sonderentgelt für konkrete Gegenleistung;
Teil der über Sonderentgelt hinausgeht führt zu bloßem Gesellschafterbeitrag

Ausscheiden des Gesellschafter, Veräußerung der Anteile und Beendigung der Gesellschaft

Barabfindung
Umkehrschluss aus Folgen der Ausgabe der Anteile ist, dass Rückgabe keine wirtschaftliche Leistung;
Weder Gesellschaft noch Gesellschafter erbringen eine Leistung

Veräußerung
Steuerbar und steuerfrei nach § 4 Nr. 8 Buchst. f UStG mit ggf. Option nach § 9 UStG;
Möglichkeit der nichtsteuerbaren Geschäftsveräußerung nach § 1 Abs. 1a UStG

Sachabfindung
Leistungsaustausch, da Aufgabe auf Erhalt der Wirtschaftsgüter von Gesellschaft gerichtet;
Bei Überführung ins Privatvermögen § 1 Abs. 1a UStG zu negieren

Beachte: Arbeitsgemeinschaft
Stichwort „Spitzenausgleich" bestimmt Abgrenzung
Abschnitt 1.6 Abs. 8 UStAE

Beachte: Personalbeistellung
Stichwort „Leistungsempfänger" bestimmt Abgrenzung; Nichtsteuerbare Beistellung nur wenn ausschließlich für Zwecke des Gesellschafters

Beachte: Erbfall
Erblasser beendet Unternehmereigenschaft, Erbe muss ggf. begründen, Fortsetzung der bisherigen Tätigkeit maßgebend

Umsatzsteuer bei Umwandlungsvorgängen – Geschäftsveräußerung im Ganzen

Voraussetzungen des § 1 Abs. 1a UStG

- **Veräußerung durch Unternehmer**
  § 2 Abs. 1 Satz 1 und Satz 3 UStG durch Veräußerer erfüllt; Muss Unternehmerstellung nicht beenden
- **Gegenstand der Veräußerung**
  - Unternehmen als gesamte Vermögenswerte
  - Gesondert geführter Betrieb als Teilvermögen
- **Veräußerung im Ganzen**
  Übertragung alle Vermögenswerte, mindestens wesentliche Betriebsgrundlagen Rückbehalt einzelner unwesentlicher Grundlagen möglich
- **Übereignung eines Unternehmens**
  - Entgeltlich – Gegenleistung
  - Unentgeltlich – keine Gegenleistung
  - Einbringung – Umwandlungsvorgänge
- **Erwerb durch Unternehmer**
  § 2 Abs. 1 Satz 1 und Satz 3 UStG durch Erwerber erfüllt; Kann auch durch Erwerb Unternehmerstellung begründen
- **Fortführung der bisherigen Tätigkeit**
  Objekt-und tätigkeitsbezogene Fortsetzung Modernisierungen möglich; Keine sofortige Abwicklung erlaubt

Rechtsfolgen des § 1 Abs. 1a UStG

- **Erwerber tritt an Stelle des Veräußerers**
  § 1 Abs. 1a Satz 3 UStG
  Eintreten in Rechtsstellung als Einzelrechtnachfolge
- **Besonderheiten hinsichtlich des Vorsteuerabzugs**
  § 15 UStG
  Erwerber kann von § 3 Abs. 1b UStG betroffen sein; **Veräußerer** hat Vorsteuerabzug für Umsätze vor Übertragung
- **Fortgeltung des Berichtigungszeitraums**
  § 15a Abs. 10 UStG
  Erwerber hat Berichtigungszeitraum fortzuführen und Berichtigungen durchzuführen; **Veräußerer** müssen Unterlagen stellen, § 15a Abs. 10 Satz 2 UStG
- **Irrtümliche Geschäftsveräußerung im Ganzen**
  Irrtümlich angenommen: regelmäßig steuerbarer Umsatz mit Steuerbelastung; **Irrtümlich negiert:** regelmäßig Korrektur des Vorsteuerabzugs und § 14c UStG

Besonderheiten des § 1 Abs. 1a UStG

Immobilienumsätze
Asset-Deals
- Teilvermögen führt zu Geschäftsveräußerung
- Fortführung der Tätigkeit durch Vermietung führt zu Geschäftsveräußerung
- Leerstand **keine** Geschäftsveräußerung
- Eigennutzung durch Erwerber **keine** Geschäftsveräußerung

Beachte: Mieterwechsel in Übertragungsphase rechtlich unsicher!

Gesellschaftsanteile
Share-Deals
- Beteiligung kein Teilvermögen für § 1 Abs. 1a UStG
- EuGH und BFH nicht deckungsgleich in Rechtsprechung
- Auch 100 %-Beteiligung **keine Geschäftsveräußerung**

Beachte: Halten der Beteiligung nicht unternehmerisch, dies meist entscheidender Ausschluss

Erbschaft- und Schenkungsteuer bei Umwandlungsvorgängen

Auch wenn Umwandlungen vordergründig durch ertragsteuerliche Fragen gesteuert sind, können gerade in der Gestaltungsberatung auch Schenkungsthemen und Erbfolgefragen von Bedeutung sein. Nachfolgend sollen möglich Implikationen skizziert werden:

Fragestellung	Bedeutung bzw. Implikationen
Vor Schenkung oder Erbfall: Verwaltungsvermögen	• Auf-oder Abspaltungen um Quote des begünstigten Vermögens zu optimieren (§ 13b Abs. 2 Satz 2 ErbStG) – Beachte Teilbetriebserfordernis erschwert Vorgehen • Verschmelzungen/Einbringungen um Quote des Betriebsvermögens zu erhöhen (§ 13b Abs. 2 Satz 2 ErbStG) – Beachte Teilbetriebserfordernis erschwert Vorgehen • Ausgliederungen auf Untergesellschaften um Voraussetzungen der Optionsverschonung zu erfüllen (§ 13a Abs. 10 Satz 2 ErbStG) – Nicht mehr möglich aufgrund Änderungen Verschonungsregelung • Einbindung von Drittstaatenvermögen -Wechsel der Rechtsform zur Einflussnahme auf Umfang des inländischen begünstigten Vermögens • Ausgliederungen auf gewerbliche Wohnungsgesellschaft – Schaffung Gewerblichkeitsvoraussetzung Vermietung (§ 13b Abs. 4 Nr. 1 Buchst. d ErbStG)
Vor Schenkung oder Erbfall: Lohnsummen	• Reduzierung der Ausgangslohnsumme durch Abspaltung – Reduzierung Arbeitnehmer auf unter sechs – Beachte Teilbetriebserfordernis erschwert Vorgehen • Nutzung der Konzernklausel des § 13a Abs. 4 Satz 11 und 12 ErbStG durch Ausgliederung ins Drittland oder Formwechsel von Personen-in Kapitalgesellschaft
Nach Schenkung oder Erbfall: Lohnsummen	• Oberste Finanzbehörden der Länder vom 21.11.2013, BStBl. I 2013, 1510 – Jedoch nur noch für vor dem 1.1.2020 verwirklichte Sachverhalte • Lohnsumme kann nicht durch nachträgliche Umstrukturierungen übertragenen Rechtsträgers noch nachträgliche Umwandlungen nachgeschalteter Beteiligungen umgangen werden
Nachfolgende Umwandlungen hinsichtlich Behaltensfristen des § 13a ErbStG	• Für Verstoß gegen Behaltensfrist kommt es auf tatsächlichen Zeitpunkt der Umwandlung an • Somit nur Zeitpunkt der zivilrechtlichen Wirksamkeit erheblich, nicht Rückwirkungsfiktion gemäß § 2 UmwStG • Verschmelzung, Einbringung und Formwechsel grds. kein Verstoß gegen Behaltensregelung
Bewertungsabschlag gemäß § 13a Abs. 9 ErbStG	• Umwandlungsvorgang führt hinsichtlich 20-jähriger Bindungsfrist grds. zu keiner rückwirkenden Versagung des Bewertungsabschlags • Voraussetzung: bisherige Gesellschafter muss an übernehmendem Rechtsträger in gleicher Höhe beteiligt sein
Abschmelzung Verschonungsabschlags und Verschonungsbedarfsprüfung	• § 13c ErbStG und § 28a ErbStG • Neue Anteile aufgrund Umwandlungsmaßnahme treten an Stelle der alten Anteile • Grds. kein neues Vermögen • Anwendung Verweis auf § 13a Abs. 6 ErbStG • Zuzahlungen gemäß § 20 Abs. 1 Satz 2 Nr. 4 Buchst. a und b UmwStG ungeklärt
Schenkungsteuer als Folge der Umwandlung	• Grds. keine freigebige Zuwendung • Auch nichtverhältniswahrende Spaltung grds. nicht freigebig, es sei denn objektive Wertverschiebung und subjektiver Zuwendungswille • Umwandlungen und Einbringungen nur dann freigebig, wenn Sachsubstanz auf Erwerber übergeht oder auf Rechte verzichtet wird

7. Rolle der Finanzverwaltung im Umwandlungs-steuerrecht

Anwendungserlass – Überblick

Anwendung des Umwandlungssteuergesetzes i. d. F. des Gesetzes über steuerliche Begleitmaßnahmen zur Einführung der Europäischen Gesellschaft und zur Änderung weiterer steuerrechtlicher Vorschriften (SEStEG) – Kurz: Umwandlungssteuererlass 2011 oder Abkürzung: UmwStAE oder AEUmwStG

BMF vom 11.11.2011 -IV C 2 – S 1978 b/08/10001 BStBl. 2011 I S. 1314
Es wurden bereits einige Ergänzungen und Änderungen vorgenommen:

Änderung durch BMF-Schreiben vom 26.07.2016, BStBl. I 2016, 684
Einbringung eines Wirtschaftsguts in eine Personengesellschaft gegen Gutschrift auf dem sog. Kapitalkonto II; Anwendung der BFH-Urteile vom 29. Juli 2015 – IV R 15/14 – (BStBl. 2016 II S. 593) und vom 4. Februar 2016 – IV R 46/12 – (BStBl. II S. 607)

Änderung durch BMF-Schreiben vom 10.11.2016, BStBl. I 2016, 1252
Verlust oder Beschränkung des Besteuerungsrechts der Bundesrepublik Deutschland (§ 12 KStG); Änderung der Rn. 13.04

Änderung durch BMF-Schreiben vom 23.02.2018, BStBl. I 2018, 319
Verlustverrechnung bei unterjähriger Abspaltung (§ 15 Abs. 3 UmwStG); Anpassung der Rn. 15.41 und 23.03

Der Erlass gilt für übertragende und übernehmende Rechtsträger, die nach EU-Recht gegründet sind und ihren Sitz sowie den Ort der Geschäftsleitung im Gemeinschaftsgebiet haben.

Der grds. Aufbau orientiert sich am UmwStG und folgt dessen Systematik

Der besondere Teil sieht in Rn. Org.01–Org.34 Ausführungen zur Organschaft vor

Der besondere Teil sieht in Rn. K.01–K.19 Ausführungen zum steuerlichen Einlagekonto und dem Sonderausweis vor

Beachte: Der UmwStAE hat einen Umfang von ca. 100 Seiten im BStBl. und sollte bei Zweifelsfragen stets konsultiert werden, um – soweit möglich – Klarheit hinsichtlich der Auffassung der Finanzverwaltung zu erlangen!

Der praktische Mehrwert ist insbesondere dadurch gegeben, dass der UmwStAE viele Beispiele mit Lösungshinweisen zur Veranschaulichung der Ausführungen – auch in rechnerischer Hinsicht – enthält.

Beachte: Der UmwStAE wurde am 11.11.2011 und somit ca. fünf Jahre nach dem neuen UmwStG 2006 veröffentlicht.

Anwendungserlass – Aufbau

Umwandlungssteuererlass 2011 bzw. UmwStAE, BMF vom 11.11.2011 – IV C 2 -S 1978 b/08/10001 BStBl. 2011 I S. 1314
Der Umwandlungssteuererlass 2011 ist mit Randnummern gegliedert und ähnlich wie eine Gesetzeskommentierung aufgebaut. Er hält grds. die Reihenfolge der Paragrafen des UmwStG ein und die Randnummern beginnen bei jedem Paragrafen neu

Erstes Kapitel

A. Verhältnis des UmwStG 2009 zum UmwStG 1995
Rn. 00.01

B. Ertragsteuerliche Beurteilung von Umwandlungen und Einbringungen
Rn. 00.02–00.04

Zweites Kapitel
Das zweite Kapitel ist grds. wie das UmwStG aufgebaut; die einzelnen Teile sind sodann nochmals untergliedert

Erster Teil: Allgemeine Vorschriften
Rn. 01.01 –02.40

Zweiter Teil:
Vermögensübergang bei Verschmelzung auf eine Personengesellschaft oder auf eine natürliche Person und Formwechsel einer Kapitalgesellschaft in eine Personengesellschaft
Rn. 03.01 –10.02

Dritter Teil:
Verschmelzung oder Vermögensübertragung (Vollübertragung) auf eine andere Körperschaft
Rn. 11.01 –13.12

Vierter Teil:
Auf-, Abspaltung und Vermögensübertragung (Teilübertragung)
Rn. 15.01 –16.04

Fünfter Teil: Gewerbesteuer
Rn. 18.01 –19.01

Sechster Teil:
Einbringung von Unternehmensteilen in eine Kapitalgesellschaft oder Genossenschaft und Anteilstausch
Rn. E 20.01–23.2

Siebter Teil:
Einbringung eines Betriebs, Teilbetriebs oder Mitunternehmeranteils in eine Personengesellschaft (§ 24 UmwStG)
Rn. 24.01–24.33

Achter Teil:
Formwechsel einer Personengesellschaft in eine Kapitalgesellschaft oder Genossenschaft (§ 25 UmwStG)
Rn. 25.01

Neunter Teil: Verhinderung von Missbräuchen (§ 26 UmwStG)
Rn. 26.01 (unbesetzt)

Zehnter Teil: Anwendungsvorschriften und Ermächtigung
Rn. 27.01 – S.08

Besonderer Teil zum UmwStG (Zur Organschaft und zum steuerlichen Einlagekonto und Sonderausweis)
Rn. Org.01 –K.19

Allgemeines zur verbindlichen Auskunft

Verbindliche Auskunft
§ 89 Abs. 2 bis 7 AO und StAuskV
Haben für die Praxis hinsichtlich Umwandlungen eine erhebliche Bedeutung, da umwandlungssteuerliche Fragen viele steuerliche Risiken aufweisen und an diesen meist erhebliche steuerliche Auswirkungen (insbesondere aus der Aufdeckung stiller Reserven, aber auch Organschaftsfragen, Sperrfristen, etc.) hängen.

Die verbindliche Auskunft kann daher bei Umwandlungen Rechtssicherheit geben und die erheblichen Risiken auf ein Mindestmaß reduzieren!

Zuständigkeit gemäß § 89 Abs. 2 Satz 2 und 3 AO

Auskunftsantrag gemäß § 89 Abs. 2 Satz 1 AO und § 1 StAuskV
Der Auskunftsantrag enthält …

- **Antragsteller** Siehe S. 128
- **Sachverhalt** Darf noch nicht verwirklicht sein
- **Besonderes steuerliches Interesse** Beweggründe des Antrags
- **Rechtsproblem** Darlegung und eigener Rechtsstandpunkt
- **Rechtsfragen** Formulierung konkreter Fragen
- **Erklärung** das noch keine verbindliche Auskunft beantragt wurde
- **Versicherung** das wahrheitsgemäße Angaben erfolgten

Entscheidung über die verbindliche Auskunft
Im Grunde hat Finanzverwaltung Ermessen, ob Entscheidung erfolgen kann, wenn jedoch Voraussetzungen erfüllt, Ermessensreduzierung auf Null

Rechtsschutz
Bei Ablehnung Möglichkeit des Einspruchs

Rechtswirkung der verbindlichen Auskunft gemäß § 2 StAuskV
Verbindliche Auskunft bindet die erlassende Finanzbehörde (Finanzamt oder BZSt), womit Steuerpflichtiger Erfüllungsanspruch hat, welchen auch Gerichtsbarkeit einhalten muss – Jedoch keine Bindungswirkung für Steuerpflichtigen, dann jedoch kein Anspruch aus verbindlicher Auskunft

Gebühr gemäß § 89 Abs. 3 bis 7 AO
Siehe S. 129

Korrektur einer verbindlichen Auskunft
Als Verwaltungsakt nach §§ 129 bis 131 AO Korrektur zugänglich, daneben kann verbindliche Auskunft gemäß § 2 Abs. 4 StAuskV mit Wirkung für Zukunft aufgehoben oder geändert werden, wenn sich herausstellt, dass diese unrichtig war – Anwendung der Norm ist Ermessensentscheidung

Zuständigkeiten bei der verbindlichen Auskunft

Verbindliche Auskunft – Zuständigkeit
§ 89 Abs. 2 Satz 2 und 3 AO und StAuskV
Die verbindliche Auskunft ist für die zuständige Finanzbehörde bindend, daraus können sich Folgen für die Antragstellung (siehe S. 128) und die Bindungswirkung ergeben.

Örtliche Zuständigkeit
§§ 18 ff. AO
Gemäß § 89 Abs. 2 Satz 2 AO ist für verbindliche Auskunft Finanzbehörde zuständig, die bei Verwirklichung des dem Antrag zugrunde liegenden Sachverhalts örtlich zuständig sein würde
Hypothetische Betrachtung

Sachliche Zuständigkeit
Gemäß § 89 Abs. 2 Satz 2 AO ist grds. Finanzamt zuständig, nach Satz 3 ausnahmsweise das BZSt
Mittlere bzw. obere Verwaltungsbehörden sowie BMF können keine verbindliche Auskunft erteilen
Hypothetische Betrachtung

Beachte:
Die Finanzverwaltung vertritt in AEAO zu § 89 AO, Tz. 3.6.5 Satz 4 die Auffassung, eine von einer sachlich oder örtlich unzuständigen Behörde erteilte verbindliche Auskunft hat keine Bindungswirkung!

Problem bei Umwandlungen
Etwaige Zuständigkeit mehrerer Finanzbehörden aufgrund mehrerer beteiligter Rechtsträger
Lösungen können sein …

Zuständigkeitsvereinbarung gemäß § 27 AO
Gemäß AEAO zu § 89 AO, Tz. 3.3.2.3 besteht die Möglichkeit, dass in Fällen der Zuständigkeit mehrerer Finanzämter für Zwecke der verbindlichen Auskunft bereits vor Sachverhaltsverwirklichung die Zuständigkeit durch Vereinbarung bestimmt wird
Unklare Zuständigkeit ist typischer Anwendungsfall des § 27 AO

Einheitliche Erteilung gemäß § 89 Abs. 2 Satz 6 AO i. V. m. § 1 Abs. 2 Satz 1 und Abs. 3 StAuskV
Die verbindliche Auskunft kann in bestimmten Fällen gegenüber mehreren Beteiligten einheitlich erklärt werden...

- Gesonderte und einheitliche Feststellung (§ 179 Abs. 2 Satz 2 AO): Finanzbehörde die für gesondert und einheitliche Feststellung örtlich zuständig (Nr. 1)
- Begründung bzw. Beendigung USt-Organschaft: Finanzbehörde die für Umsatzsteuer des Organträgers örtlich zuständig (Nr. 2a)
- Begründung bzw. Beendigung KSt und GewSt-Organschaft sowie von Organgesellschaft verwirklichte Sachverhalte: Finanzbehörde die für gesonderte und einheitliche Feststellung nach § 14 Abs. 5 KStG örtlich zuständig (Nr. 2b bis 3b)
- Erwerbsvorgänge GrESt-Organschaft: Finanzbehörde die für Festsetzung GrESt zuständig ist (Nr. 4)

Beantragung mehrerer verbindlicher Auskünfte
Sofern keine der vorstehenden Lösungen möglich ist, bleibt die Möglichkeit die verbindliche Auskunft bei mehreren Finanzbehörden zu beantragen. Dabei ist zu beachten, dass dies jeweils nur für den bei der jeweiligen Finanzbehörde geführten Rechtsträger erfolgt, um die Erklärung der verbindlichen Auskunft (siehe S. 128) nicht zu gefährden.

Beachte: Wenn Umwandlungsfälle nicht erfasst: ggf. kann Regelung für Organschaft Erleichterung bringen bzw. darauf zurückgegriffen werden

Antragsteller bei der verbindlichen Auskunft

Verbindliche Auskunft – Antragsteller

In Beachtung der auf Seite 127 dargestellten Implikationen zur örtlichen und sachlichen Zuständigkeit der verbindlichen Auskunft, ist es möglich für die einzelnen Umwandlungsarten die Zuständigkeit zu bestimmen bzw. festzustellen, welcher Rechtsträger als Antragsteller auftreten sollte.

- **Umwandlungsvorgang Kapitalgesellschaft in Personengesellschaft (§ 3 ff. UmwStG)** (siehe S. 33 ff.)
- **Umwandlungsvorgang Kapitalgesellschaft in Kapitalgesellschaft (§§ 11 ff. UmwStG)** (siehe S. 41 ff.)
- **Einbringung in Kapitalgesellschaft (§§ 20, 22 und 23 UmwStG)** (siehe S. 55 ff.)
- **Anteilstausch (§§ 21, 22 und 23 UmwStG)** (siehe S. 63 ff.)
- **Einbringung in Personengesellschaft (§ 24 UmwStG)** (siehe S. 59 ff.)
- **Formwechsel Personengesellschaft in Kapitalgesellschaft (§ 25 UmwStG)** (siehe S. 73 ff.)

Finanzamt des übertragenden Rechtsträgers

Übertragungsergebnis gemäß §§ 3 und 11 UmwStG; Bewertungswahlrecht gemäß §§ 3 Abs. 2 und 11 Abs. 2 UmwStG; Beteiligungskorrekturgewinn gemäß § 11 Abs. 2 Satz 2 UmwStG; Nachspaltungssperre gemäß § 15 Abs. 2 Satz 3 und 4 UmwStG

Finanzamt des übernehmenden Rechtsträgers

Übernahmefolgegewinn gemäß §§ 6 Abs. 1 und Abs. 2 und 12 Abs. 4 UmwStG; Beteiligungskorrekturgewinn gemäß §§ 4 Abs. 1 Satz 2 und 3 und 11 Abs. 1 Satz 2 UmwStG; Dividendenanteil gemäß § 7 UmwStG Übernahmegewinn gemäß § 12 Abs. 2 UmwStG; Vorliegen einer Sacheinlage dem Grunde nach Voraussetzungen des § 20 Abs. 2 Satz 2 Nr. 1 bis 3 UmwStG; Bewertungsobergrenze Bewertungsfragen der Höhe nach und Fehler bei Ausübung des Wahlrechts Besteuerung der übernehmenden Gesellschaft gemäß § 23 UmwStG; Einbringungsgewinns bei § 21 UmwStG

Finanzamt des Gesellschafters bzw. Anteilseigners

Übernahmefolgegewinn gemäß § 6 Abs. 2 UmwStG; Beteiligungskorrekturgewinn gemäß § 5 Abs. 3 UmwStG; Dividendenanteil gemäß § 7 UmwStG; Fragen gemäß § 13 UmwStG

Finanzamt des Einbringenden

Vorliegen einer Sacheinlage dem Grunde nach Voraussetzungen des § 20 Abs. 2 Satz 2 Nr. 1 bis 3 UmwStG; Bewertungsobergrenze Einbringungsgewinns I bzw. II gemäß § 22 UmwStG; Anwendung des § 21 UmwStG

Aufgrund erheblicher Rechtsunsicherheit einzelner Einschätzungen zum Antragsteller empfiehlt sich stets eine Zuständigkeitsvereinbarung gemäß § 27 AO in Erwägung zu ziehen

Beachte: Soweit in den vorstehenden Ausführungen für einzelne Tatbestände mehrere Finanzbehörden genannt sind, sollte im Einzelfall geprüft werden, welche Finanzbehörde im zuständig ist, da mangels höchstrichterlicher Rechtsprechung auf die h. M. rekurriert wurde.

Der Gebührenanspruch der verbindlichen Auskunft bei Umwandlungsvorgängen

Für die Erteilung einer verbindlicher Auskunft – ob nun positiv oder negativ beschieden – steht der Finanzverwaltung ein Gebührenanspruch zu. Dieser kann anhand einer Gegenstandsgebühr oder einer Zeitgebühr erfolgen.

Gebührenpflicht
Unabhängig von Zustimmung oder Ablehnung hat Finanzbehörde Gebührenanspruch
Bei verbindlicher Auskunft gegenüber mehreren Antragstellern nur eine Gebühr gegen alle (Gesamtschuldnerschaft)

Gegenstand der Gebühr gemäß § 89 Abs. 3 AO
Bearbeitung eines Antrags auf Erteilung einer verbindlichen Auskunft
Zerlegung eines Antrags mit mehreren Fragen in mehrere verbindliche Auskunft nicht möglich

Höhe der Gebühr gemäß § 89 Abs. 4 bis 6 AO
Gegenstandswert vs. Zeitgebühr

Bestimmung der Gebührenhöhe über den Gegenstandswert gemäß § 89 Abs. 4 und 5 AO

Gegenstandswert gemäß § 89 Abs. 4 AO
Maßgebend ist die steuerliche Auswirkung des Sachverhalts – also Differenz bei Anwendung der Auffassung des Fragestellers gegenüber entgegengesetzter Auffassung – bei Umwandlungen meist Steuerfolgen aus Aufdeckung der stillen Reserven;
Darlegung Gebührenvorschlag durch Antragsteller

Einschränkungen der Gebühr gemäß § 89 Abs. 4 AO
Anwendung des § 34 GKG als einfacher Gebührensatz; Gegenstandswert auf 30 Mio. EUR beschränkt – Maximalgebühr z. Z. 109.736 EUR;
Bagatellgrenze wenn Gegenstandswert weniger als 10.000 EUR

Bestimmung der Gebührenhöhe über den Zeitwert gemäß § 89 Abs. 6 AO
Nur wenn Gegenstandswert nicht bestimmbar ist – Ausnahmetatbestand;
Zeitgebühr beträgt gemäß § 89 Abs. 6 Satz 1 HS. 2 AO 50 EUR je angefangene halbe Stunde;
Es sind Zeiten der Sachverhaltserfassung, rechtlichen Würdigung und etwaiger Einbezug der Oberbehörde zu erfassen;
Bei Zeitaufwand von weniger als zwei Stunden wird keine Gebühr erhoben

Festsetzung der Gebühr – Gebührenbescheid
Wird von der Finanzbehörde mit einmonatiger Zahlungsfrist festgesetzt, § 89 Abs. 3 Satz 3 AO
Entscheidung kann von Gebührenzahlung im Voraus abhängig gemacht werden, § 89 Abs. 3 Satz 4 AO

Ermäßigung der Gebühr gemäß § 89 Abs. 7 AO
Ermessenentscheidung: Wenn unbillig kann auf Gebühr ganz oder teilweise verzichtet werden; bspw. bei Rücknahme des Antrags

Korrektur der Gebühr
§§ 129 bis 131 AO einschlägig

Beachte: Gegen Gebührenbescheid ist Rechtsschutz mit Einspruch und Klage zulässig; ggf. auch AdV möglich